ELENOR JAIN

VOM SINN DER KUNST

UND IHRER ANTHROPOLOGISCHEN
DIMENSION

Bibliografische Information der
Deutschen Nationalbibliothek:
Die Deutsche Nationalbibliothek verzeichnet diese
Publikation in der Deutschen Nationalbibliografie;
detaillierte bibliografische Daten sind im Internet über
www.dnb.de abrufbar.

Layout und Korrektur: Dr. Rajele Jain
Titelbild: Elenor Jain, *o. T.*, Tuschezeichnung, 1984

© 2019 Elenor Jain

Herstellung und Verlag:
BoD - Books on Demand, Norderstedt

ISBN: 9 783743 178090

Das geistige Leben, zu dem auch die Kunst gehört und in dem sie eine der mächtigsten Agentien ist, ist eine komplizierte aber bestimmte und ins Einfache übersetzbare Bewegung vor- und aufwärts. Diese Bewegung ist die der Erkenntnis.

Wassily Kandinsky,
Über das Geistige in der Kunst

Inhalt

Einleitung   9

I. Herman Nohl über den Sinn der Kunst   15
    Lebensphilosophie – Wirklichkeit – Lebensäußerung – Geistigkeit – Innerlichkeit – Metaphysik – Seele – reine Realität – Ethik – Dasein – Verstehen

II. Kandinskys Plädoyer für das Geistige in der Kunst   33
    Selbstentfaltung – Gefühl – Transzendenz – Materialismus – Empfindsamkeit – Äußerlichkeit – innere Notwendigkeit – Erziehung der Seele

III. Paul Klee und das Schöpferische in der Kunst   51
    Identität – kosmische Sphäre – Wesen der Dinge – Transzendenz – Metaphysik – Form und Farbe – Natur – Kosmos – Intuition – Sinn – Orient – Realität – Einheit – Erkenntnis

IV. **Zur anthropologischen Dimension der Kunst**   69
    Lebensbezug – Weltanschauung – Individualität – Wirklichkeit – Erweckung – Erfahrung – Subjektivität – Objektivität – Sichtbarkeit – Verstehen – Wahrnehmung – Wahrhaftigkeit – ästhetisches Lebensverhalten

V. **Die ethische Bedeutung des Ästhetischen**   97
    Ästhetische Lebenshaltung – Wert – Zeitgeist – Gewalt – Persönlichkeit – Humanität – Fiktion – Gewöhnung – Intersubjektivität – Aktivismus – Empathie – Beliebigkeit – Sinnverlust

Ausblick   119

Bibliographie   129

Einleitung

Wenn in der Gegenwart von Kunst gesprochen werden soll, so bewegt man sich in einem recht diffusen und unübersichtlichen Terrain, denn eine eindeutige Definition dessen, was unter Kunst zu verstehen sei, findet sich kaum mehr. Eine klare Abgrenzung zwischen denjenigen Aktivitäten, die vorrangig im Unterhaltungsbereich zum Ausdruck kommen und dem künstlerischen Anspruch, der traditionell von Kunsthistorikern, Musiktheoretikern usw. vertreten wird, scheint in gewisser Weise zu verschwinden. Als kulturell bedeutende Ereignisse werden auf diesem Hintergrund nicht selten auch solche „events" mit dem Begriff 'Kunst' bezeichnet, die dem Trend der Zeit und einem Massengeschmack folgen, wobei indes das Eigentliche und Wesentliche der Kunst keine Rolle spielt.

Daß die Kunst jedoch einen speziellen Anspruch an ihr Wirken zu vertreten hat, der sich grundsätzlich von denen anderer Aktivitäten unterscheidet, ist ein eminent wichtiges Thema, welches nicht nur von den Künstlern selbst deutlich gemacht, sondern auch wieder dem Publikum nahegebracht werden muß.

Kunst läßt sich zunächst als Spiegel ihrer Zeit verstehen, insofern der Künstler zum einen durch seine spezifische und sensible Wahrnehmung seine Lebenswelt kritisch betrachtet und dabei versucht, seine Eindrücke intellektuell zu verarbeiten und künstlerisch zum Ausdruck bringen. Zum anderen aber ist mit diesem Erkenntnisprozeß auch eine Veränderung seiner psychischen Verfaßtheit verbunden, die zur Folge haben kann, daß der Künstler nun vor allem genau diese visuell zu thematisieren sucht. Das bedeutet, daß wir es vermutlich mit mindestens zwei unterschiedlichen Weisen bildnerischer Darstellungen oder künstlerischer Ausdrucksformen zu tun haben werden, wie später noch zu zeigen sein wird.

Ein weiterer Schwerpunkt unserer Untersuchung ist dem Rezipienten gewidmet, d.h. es wird die Frage zu beantworten sein, welche Bedeutung die Künste für den Menschen haben, sowohl für seine Lebenswelt als auch für seine Identität und Individualität, für sein Denk- und Urteilsvermögen, seine Kreativität und selbst für seine Kommunikationsfähigkeit und sogar seine Sprache, und nicht zuletzt sogar für seine innere Befindlichkeit. Dies alles sind Aspekte, die in unserer hektischen und technologisch bestimmten Welt viel mehr diskutiert und damit an Bedeutung gewinnen müssen, damit der Mensch sich selbst nicht in unserer Welt des Konsums und des nach außen gerichteten, technologisch bestimmten Lebens verliert. Denn es ist nicht von der Hand zu weisen, daß die rasante Beschleunigung aller Phänomene der Lebenswelt einen unübersehbaren Einfluß auf das innere Gleichgewicht des Menschen und die Stabilität seiner psychischen Verfaßtheit besitzt und ihn zu einem Rastlosen macht, der kaum mehr in der Lage ist, Stille zu ertragen oder sich intensiv einem Sachverhalt zu widmen. Durch die Schnellebigkeit und die ununterbrochene Abfolge von Ereignissen und Eindrücken gehen letztlich nun auch wesentliche Momente der menschlichen Erfahrung verloren: z.B. die Intensität von Erleben und Verstehen. Diese bleiben folglich nur oberflächlich, werden nicht verarbeitet und sind mithin nicht lange präsent, weil es ihnen an Bedeutsamkeit mangelt. Von daher können sie keine Wirkung auf das Bewußtsein des Menschen ausüben, sie können ihm keine neuen Erkenntnisse liefern, keine sinnvollen Perspektiven bieten usw. Das Verweilen bei einem Sachverhalt und das Sich-Hineinversetzen in ihn begründen jedoch erst tiefergehendes Verstehen, existentielles Erleben und einen Fortschritt im Erwerb von fundiertem Wissen, wie dies schon Wilhelm Dilthey ausführlich dargelegt hat.[1] Denn in diesem Zustand des Sich-Vertiefens in ein Phänomen verlieren die äußeren, und zumeist belanglosen Geschehnisse an Bedeutung und treten zurück hinter etwas, was Dauer und damit Wirkung besitzt, eine Erkenntnis, wie sie beim Lesen von Literatur, beim Hören eines Konzerts oder beim Betrachten eines Kunstwerks zutage tritt. Daraus folgt, daß die Intensität eines Erlebnisses in der Begegnung mit Kunst entscheidend

---

1   Diltheys Auffassung von Leben, Verstehen und Geschichte als elementarer Zusammenhang ist für ihn ein Grundprinzip der geisteswissenschaftlichen Methode und Fundament aller Erkenntnis. (Gesammelte Schriften (GS), Bd. V. Göttingen, 7. Aufl. 1982).

für die Qualität des Erkennens, Verstehens und auch der Empfindungen ist.

Nun wäre es recht einfach, das bisher Gesagte als überzeugend und vor allem als allgemein vermittelbar darzustellen, denn es wird zunächst nur denjenigen einleuchten, die sich der Kunst schon zugewandt haben. In der Bevölkerung besteht dagegen recht häufig die Auffassung, daß Kunst ein elitäres und kostspieliges Vergnügen sei, welches aufgrund mangelnder Funktionalität durchaus überflüssig ist. So entsteht nicht selten Kritik an von Staat oder Gemeinden erworbenen Werken, weil der Etat 'sinnvoller' angelegt werden könnte: in Sozialleistungen, Sanierungen öffentlicher Einrichtungen etc. Daß die Menschen zudem keinen Zugang zu vielen Artefakten, z.B. Skulpturen in einem Park finden, läßt sich schon dadurch feststellen, daß sie achtlos und im besten Fall kopfschüttelnd an ihnen vorbeigehen. Die Skepsis gegenüber der Kunst läßt sich vermutlich dadurch begründen, daß sie auf den ersten Blick nichts Greifbares zu den Bedürfnissen des alltäglichen Lebens beizutragen scheint. Wenn man sich ein Auto kauft oder andere materielle Wünsche erfüllt, so befriedigt dies zunächst. Doch man gewinnt nur etwas rein Äußerliches hinzu, erhöht seinen Lebensstandard und kann etwas vorweisen, was eine Bestätigung des eigenen Erfolges ausdrückt. In der Tat ist unsere Welt, unsere Gesellschaft, augenscheinlich primär am Materiellen interessiert, und Wirtschaft und Werbung unterstützen diese Tendenz massiv. Unsere Konsumgesellschaft ist leicht verführbar, denn sie glaubt deren Heilsversprechen, daß nämlich der Besitz des jeweils neuesten Produkts zum Glück beitragen könne.

Doch es geht in unseren Überlegungen um ein ganz anderes Glück, und zwar um ein solches, das in einem Sachverhalt zu finden ist, der Sinn für das eigene Leben vermittelt, der die Einstellung zum Leben und zu sich selbst zu verändern in der Lage ist: es geht um die Begegnung mit Kunst.

Wenn wir mithin vom Sinn der Kunst sprechen, so greifen wir zunächst zurück auf den Philosophen und Pädagogen Herman Nohl, dessen kleine Schrift über die Kunst den Titel „Vom Sinn der Kunst" (1946) trägt. Nohl hat darüber hinaus zahlreiche weitere Veröffentlichungen zur Kunst hervorgebracht, auf die wir im Zusammenhang mit unseren Überlegungen eingehen werden (1. Kapitel).

Der Sinn der Kunst offenbart sich auf verschiedenen Ebenen des geistigen Lebens, wie Herman Nohl dies sehr einprägsam ausgeführt hat. Einer dieser Aspekte ist Thema des Malers Kandinsky, der das Geistige in der Malerei, in ihrer Formen- und Farbensprache und deren Wirkung auf den Rezipienten theoretisch erörtert. Seine Gedanken bestimmen das 2. Kapitel. Dabei wird zugleich darüber nachzudenken sein, ob seine Auffassung den Vorstellungen des heutigen Kunstbetriebs und des Betrachters noch entspricht.

Ein wesentlicher Aspekt des Sinngehalts der Kunst ist schließlich eine Motivation, die vom Kunstwerk ausgeht: das Schöpferische, zu dem Paul Klee sich vielfach geäußert hat. Es ist ein Moment, das sich unmittelbar im Werk zeigt, und das eine besondere Wirkung auf den Betrachter auszuüben in der Lage ist. Denn in der Darstellung eines Zusammenhangs, der intensiven gestalterischen Art und Weise, erschließen sich dem Betrachter gleichsam neue visuelle Sichtweisen auf die Welt, die ihm Anregungen für seine eigenen Gedanken und Handlungen bieten (3. Kapitel).

Während das vierte Kapitel die anthropologische Dimension der Kunst in den Blick rückt, d.h. den Lebensbezug der Kunst, die existentielle Erfahrung durch Kunst und das ästhetische Lebensverhalten, geht das fünfte Kapitel im Rekurs auf bestimmte philosophische Positionen auf die ethische Bedeutung des Ästhetischen ein. Dabei geht es primär um Begriffe wie Wert, Humanität und Sinngehalt.

Der sich anschließende Ausblick befaßt sich noch einmal mit der Frage, ob die Gegenwartskunst noch als Fundament von Leben und Kultur zu begreifen ist, d.h. ob sie ihrem Anspruch als gesellschaftlich bedeutendes und unabhängiges Phänomen noch gerecht wird. Zugleich wird die Frage zu beantworten sein, welche Aktualität die Thesen Herman Nohls und diejenigen der genannten Künstler heute noch besitzt.

I.
Herman Nohl über den Sinn der Kunst

Wenn etwas Sinn hat, so besitzt es Bedeutung und hinterläßt eine dauerhafte Wirkung. Dabei steht das Sinnhafte dem Sinnlosen diametral entgegen, denn dieses ist dem Flüchtigen, schnell Vergänglichen und Bedeutungslosen unterworfen. Darüber hinaus haftet dem Sinnlosen immer etwas Destruktives, die Vernunft Negierendes an, das dem Wesen des Menschen ursächlich widerspricht. Hat etwas Sinn, so zielt es auf die positiven Eigenschaften und Vermögen des Menschen, es strebt hin zu einer Höherentwicklung, zu einem Fortschreiten des menschlichen Bewußtseins. Eine solche zu erwartende Höherentwicklung in der Begegnung mit Kunst läßt sich als Fundament der Ausführungen Nohls erkennen, wenn er vom Sinn der Kunst spricht.

Bevor wir uns eingehender mit Herman Nohls Kunstauffassung befassen, zunächst einige Bemerkungen zu seinen philosophischen und pädagogischen Grundannahmen.

1.

Als Dilthey-Schüler ist Herman Nohl (1879-1960) der Lebensphilosophie verpflichtet und übernimmt nicht nur deren elementare Begriffe wie ´Leben`, ´Erlebnis` usw., sondern auch die Implikate dieser Terminologie, die auf dem Hintergrund des historischen Bewußtseins dem Menschen die Freiheit verleihen, dem Dogmatismus des Begriffs mit dem Primat des subjektiven Erlebnisses und der daraus gewonnenen Erkenntnis entgegenzutreten.[2] Dies bedeutet allerdings nicht, daß Nohl einem Relativismus das Wort redet, vielmehr geht er von einer ´objektiven Wirklichkeit´ aus, d.h. von einem inneren Zusammenhang der in der Geschichte erkennbaren Kulturleistungen. Bemerkenswert am Denken des Philosophen ist vor allem die Tatsache, daß es in seinem Wirken immer auch um Klärung ethischer Fragen in Verbindung mit ästhetischen geht, wie dies schon in seiner Habilitationsschrift „Die Weltanschauungen in der Malerei" (1908), aber auch in verschiedenen anderen Schriften deutlich wird.[3]

Nohls Liebe zur Kunst ist in der Tat nicht nur für sein eigenes Lebens von größter Bedeutung,[4] sie besitzt

---

2   Vgl. meine Abhandlung: Das Prinzip Leben. Lebensphilosophie und Ästhetische Erziehung. Frankfurt/M. 1993, S. 175ff.
3   In ders.: Stil und Weltanschauung. Jena 1920. Vgl. auch meinen Aufsatz „Die Weltanschauungen in der Kunst. In: Zeitschr. Für Ästhetik und allgemeine Kunstwissenschaft. Band 40/2 (1995), S. 187-198.
4   Vgl. das Vorwort von Elisabeth Blochmann zu Nohls Schrift „Vom Sinn der Kunst", Göttingen 1961, bes. S. 4. Sie betont, mit Nohls unmittelbarem Verhältnis zur Kunst hänge „die vielleicht eigentüm-

auch einen erheblichen Einfluß auf sein wissenschaftliches Denken (u.a. durch seine Analogieschlüsse von der Kunst zur Wissenschaft oder zur Pädagogik, aus denen er eine geisteswissenschaftliche Theorie zu entwickeln suchte).[5]

Die enge Beziehung zur Kunst fundiert mithin Nohls gesamtes wissenschaftliches Denken und Wirken, insofern sich darin ein ganz unmittelbares Verhältnis zum Leben offenbart, welches selbst in die Erziehungswirklichkeit hineinreicht. Denn in der Kunst – so meint Nohl – finden alle geistig-seelischen Eigenschaften des Menschen ihren Ausdruck. Das bedeutet: *„Kunst ist nicht bloß Leistung, sondern eine Lebensäußerung"*.[6]

Kunst wird aber nicht nur als Lebensäußerung begriffen, sondern als Ausdruck von *Geistigkeit*. Sie ist formbildende, gestaltende Kraft, wie es in seiner Schrift „Vom Sinn der Kunst" heißt.[7] Denn in der ästhetischen Wirklichkeit tritt ein Inneres, Seelisches hervor, welches im Äußeren – der Darstellung – sichtbar und verständlich wird: denn jede ästhetische Form *„ist nichts anderes als eben die sichtbare Gestalt solcher Innerlichkeit"*[8], sie repräsentiert also den Künstler, den ganzen Menschen,

---

    lichste Qualität seines Geistes zusammen, jene ganz unbürgerliche Freiheit, jene mitreißende Fähigkeit, im geistigen Sinne zu genießen, die ihn mit den Künstlern verband".

5 So gilt Nohl auch zusammen mit M. Frischeisen-Köhler und G. Reichwein als der eigentliche Begründer der geisteswissenschaftlichen Pädagogik.

6 H. Nohl: Die ästhetische Wirklichkeit. Eine Einführung. Frankfurt/M., 4. Aufl. 1973, S. 15.

7 A.a.O., S. 15.

8 Die ästhetische Wirklichkeit. 6. Aufl., Frankfurt/M. 1960, S. 103.

seine eigene Befindlichkeit und seine Sicht auf die Welt. Kunst ist nach Nohl stringent mit der Wirklichkeit (dem Leben selbst) verflochten, sie stellt sie dar, interpretiert sie und soll auf diese Weise zur Reflexion anregen. Dem Vorwurf, die Kunst sei eine Flucht in den Schein, kann Nohl damit entgegentreten, und wie er an anderer Stelle betont, ist sie grundsätzlich bezogen auf den „Kampf der Wirklichkeit" in all ihren Facetten.[9]

Indem die Kunst diese Wirklichkeit visualisiert, erscheint sie in vielfältiger Weise: sie kann einerseits das Schöne und Harmonische darstellen und erhält dadurch einen lebensbejahenden Ausdruck. Andererseits kann sie das Destruktive, Verwirrende und Beunruhigende zeigen, womit eine völlig andere Perspektive des Lebens offenbart wird. Dem Rezipienten obliegt nun die Aufgabe, sich gedanklich mit den verschiedenen Betrachtungsweisen auseinanderzusetzen und seine Erkenntnisse in sein eigenes Weltbild einzufügen. Es ist unbestritten, daß ein Zugang zur Kunst schon in früher Jugend als wesentlicher Teil der Erziehung stattfinden sollte, denn die Begegnung mit Kunst ist nicht nur für den einzelnen Menschen von größter Bedeutung, sondern für die Gesellschaft im allgemeinen. In welcher Weise Künstler selbst vermittelnd an diesem Prozeß teilhaben könnten, legt Rajele Jain in ihrer Dissertation ausführlich dar, wobei auch die neuen Medien behandelt werden.[10]

9 Einführung in die Philosophie. 6. Aufl. Frankfurt/M. 1960, S. 104.
10 R. Jain: Lehren und Lernen als Aufführungskünste. Künstler als Beispielgeber nach Robert Filliou. Diss. Bergische Universität Wuppertal 2017.

Betrachten wir beispielsweise das Œuvre des Künstlers Georg Baselitz, so ist man aufgrund seiner auf dem Kopf stehenden oder zerrissenen Gestalten zunächst irritiert und sucht nach Erklärungen dafür, welche künstlerische Aussage das Werk vermitteln will. Wie man weiß, ging es Baselitz allerdings nicht um Provokation, sondern um das absolut Eigenständige, um eine Distanz zur künstlerischen Tradition und um die Problematik der modernen Kunst sowie ihrer Beziehungslosigkeit in der Gesellschaft. Das Verwirrende und Irreale liegt mithin in dem erkennbaren Bruch mit der tradierten Malerei, durch den Baselitz einen neuen Zugang zur Kunst erreichen wollte.

Ganz anders empfindet man die Werke des Impressionismus oder der klassischen Moderne, in denen einerseits die Schönheit der Natur zum Ausdruck kommt, wobei andererseits das Imaginative, Vergeistigte z.B. bei Klee, Kandinsky oder Jawlenski beeindruckt. Ihnen geht es um ein Transzendieren des real Wahrnehmbaren, um eine tiefere Sicht auf die Welt und sogar um eine gewisse Distanz zu ihr, wenn man diese Welt nur in ihrer Äußerlichkeit begreift.

Nohls Begriff des Ästhetischen erweist sich nun als erweitertes Verständnis eines lebensweltlichen Grundverhaltens, insofern er alle Phänomene des Alltags in seine Auffassung integriert. Und so heißt es: *„wo wir unsere Umgebung zum Ausdruck unseres Seins gestalten, ist ein Bezirk des Lebens geschaffen, der wirklich vergeistigter Ausdruck menschlichen Lebens ist… da offenbart sich ein* *höheres Dasein*".[11] Ästhetisches Verhalten wird mithin verstanden als elementares Grundverhalten zum Leben überhaupt, insofern es als gestaltende und schöpferische Kraft das Leben formen, bilden und weiterentwickeln kann.[12]

Diese wenigen Bemerkungen Nohls zur Bedeutung der Kunst belegen bereits, daß Geistigkeit und das Schöpferische zu den Grundvoraussetzungen seiner Auffassung von Kunst und ihrer Wirkung auf die Lebenswelt gehören, und daß es ihm darüber hinaus immer auch darum geht, dem Menschen die Erkenntnis zu vermitteln, aufgrund einer ganz spezifischen Lebenshaltung sein wahres Wesen zu entfalten.

Was den Sinn der Kunst tatsächlich ausmacht, läßt sich auf vielfältige und durchaus auch gegensätzliche Weise beantworten. Für die einen muß Kunst das Schöne und Harmonische ausdrücken, andere erwarten von Kunst eine politische, eine psychologische, eine kulturkritische Aussage oder vielleicht nur ihre Existenz als schmückendes Beiwerk ihrer Umwelt. Nohl hingegen sieht die Bedeutung und den Sinn der Kunst in ihrer philosophischen Fundierung – und wie Elisabeth Blochmann im Vorwort betont – sogar in ihrer metaphysischen Bedeutung. Dementsprechend findet sich in der Schrift Nohls zum „Sinn der Kunst" ein eigenständiger Abschnitt, in welchem vom „metaphysischen Sinn der Kunst" (1923) die Rede ist. Es ist der früheste der neun Beiträge, was bereits die Vermutung zuläßt, daß diese

---

11 Die ästhetische Wirklichkeit, a.a.O., S. 180f.
12 Vom Sinn der Kunst, a.a.O., S. 14.

Thematik Nohls Denken besonders beschäftigte und seine Auffassung zur Kunst maßgeblich bestimmte, wie seine Überlegungen über den Sinn der Kunst von 1946 auch beweisen.

Es geht um den Fortschritt des geistigen Lebens, wobei die Kunst einen maßgeblichen Anteil besitzt. Der Sinn der Kunst und der Sinn des Lebens stehen dabei in einem unmittelbaren Zusammenhang, was den Philosophen dazu bewegt, den Menschen die Kunst wieder nahezubringen, denn er beobachtet, daß „das natürliche Verhältnis zu ihr gestört ist" und daß „ihre Leistung im Volksganzen oder im Haushalt des geistigen Lebens nicht mehr begriffen wird und ihr Genuß nicht mehr einfach selbstverständlich ist".[13] Interessanterweise bezieht Nohl diese Kritik nur auf die bildende Kunst, deren Sprache nicht mehr verstanden werde, nicht aber auf Musik oder Literatur, denen – wenn auch oberflächlich – hinreichend Beachtung geschenkt werde. Daß das Unverständnis gegenüber der bildenden Kunst ihrer Zeit immer schon vorhanden war und auch heute noch vorherrscht, ist grundsätzlich eine Tatsache, und Nohl selbst hatte resignierend erkannt, daß er keinen Zugang zur radikal abstrakten Malerei und Plastik mehr fand. Diese Erkenntnis aber belegt zweierlei: zum einen war Nohl bewußt, daß das Leben voranschreitet und das Neue keineswegs immer verständlich erscheint. Zum anderen aber vermißte er vermutlich einen Sinn, also das von ihm geforderte Geistige in der neuen Kunstrich-

---

13 Vom Sinn der Kunst, a.a.O., S. 9.

tung. Nicht in der bloßen Nachahmung der Wirklichkeit kann er wahrhaftige Kunst erkennen, sondern vielmehr nur in einer Kunst, die Wirklichkeit und Leben in ihrer geistigen Beziehung darzustellen in der Lage ist.[14]

Die Forderung nach Schönheit in der Kunst zielt nicht auf einen bloßen Ästhetizismus. Wirkliche Schönheit bedeutet im Sinne Nohls immer „totales Leben", was voraussetzt, daß der Mensch mit all seinen schöpferischen und geistigen Kräften beteiligt ist. Wenn Schönheit zur Gestaltung kommt, so enthält sie die Möglichkeit, ein höheres Dasein zu offenbaren, welches im alltäglichen Leben nur selten seinen Ausdruck findet.

Mit dieser Forderung an die Kunst bewegt Nohl sich nun im Philosophischen, und er spricht dabei von der „tiefsten Grundlage der künstlerischen Arbeit", dem „metaphysischen Rätsel unseres Lebens".[15] Das bedeutet, daß in der Kunst nicht allein die Farbe, die Form oder die äußere Gestalt das Wesen der Kunst ausmachen, sondern die Tatsache, daß alles Dargestellte Ausdruck der Seele ist. Nicht die sinnliche Erscheinung allein, das offenkundig Wahrnehmbare lassen ein Werk verständlich werden, sondern die im Werk sichtbare seelische Welt. Nur wenn beide Ebenen in Einklang miteinander stehen, erhält die Kunst ihre einprägende Wirkung, dann ist sie „große Kunst", wie Nohl meint.

---

14 Daß Nohl das in diesem Sinne Abstrakte sehr wohl zu würdigen verstand, beweist seine Stellungnahme zu Franz Marc aus dem Jahr 1913.
15 Vom Sinn der Kunst, a.a.O.: S. 14.

2.

Nun läßt sich einwenden, daß Nohls Auffassung von Kunst prinzipiell nur auf bestimmte Werke zutreffen wird, eben auf solche, die das absolut Reale transzendieren; Kunst also, die metaphysisch fundiert und sich einer metaphysischen Interpretation erschließt. Das Œuvre von Franz Marc war daher für Nohl ein besonders typisches Beispiel, welches seiner Vorstellung wahrer Kunst entsprach. Dieser Deutung schließt sich auch der Philosoph Karl Albert an, der das Metaphysische nicht nur bei Marc, sondern u.a. auch bei Paul Klee, Mondrian und Lehmbruck zu erkennen glaubte.[16] Andere Interpreten zählen ferner auch Rothko, Magritte oder C.D. Friedrich zu den Malern, in deren Werke das Metaphysische bestimmend ist. Sie berühren mit ihren Werken das Innere, das Empfindsame des Betrachters und lassen ihn reflektieren über das Allgemein-Menschliche, welches über die alltäglichen Eindrücke und Erfahrungen weit hinausreicht. Kunstrichtungen, die dagegen auf die Außenwelt ausgerichtet sind und in ihr Veränderungen herbeiführen wollen, bedienen sich nicht nur ganz anderer Motive und Inhalte, sie wollen zugleich auch provozieren, zur Kritik anregen und meist auch das Tradierte in Gesellschaft und Kultur in Frage stellen und neue Denk- und Handlungsperspektiven vor Augen führen. Neben Beuys ist hier eine Reihe von Künstlern zu nennen, die

---

16 K. Albert: Das Metaphysische bei Franz Marc und Paul Klee. In: Philosophie der modernen Kunst. 2. Aufl. Sankt Augustin 1984, S. 18-23.

sich vor allem den Gedanken der Frankfurter Schule verpflichtet fühlten und die mit teils spektakulären Events in Erscheinung getreten sind. Bei den Kunstformen dieser Art findet folglich eine Akzentverschiebung statt, die nicht auf das Innere des Menschen abzielt, wie Nohls dies fordert, sondern die ihr Augenmerk auf die Lebenswelt richten, um diese kritisch zu betrachten und zu analysieren. So wollen z. B. auch Otto Dix oder Käthe Kollwitz durch die Darstellung ihrer eigenen Lebenserfahrung, durch Beobachtung einer desolaten Umwelt etwas bewirken, aufmerksam machen auf unhaltbare Zustände in der Gesellschaft.

Im Gegensatz zu der zuletzt genannten Kunstrichtung kann philosophisch fundierte Kunst weder politisch oder soziologisch noch psychologisch verstanden werden, denn ihr Anliegen ist – wie Franz Marc dies formulierte – dasjenige zu offenbaren, was hinter dem sinnlich Wahrnehmbaren verborgen ist. Obzwar er sich keineswegs grundsätzlich von realen Dingen entfernt, will er jedoch in ihnen etwas mehr sehen als ihre bloße Existenz. Es geht ihm um ein spezifisches *Lebensgefühl*, welches er im Abstrakten auszudrücken versucht; er will das *Wesen* des Dargestellten ergründen und hervorheben, welches hinter dem Schein hervortritt. Ein solches Kunstverständnis erscheint auf den ersten Blick lebensfremd, dem Wirklichen abgewandt, aber es gründet in der Vorstellung, zunächst den Menschen selbst zu erreichen, seine Empfindungen, sein geistiges Wesen, das sich in der Alltagswelt kaum entfalten kann. Bei Klee scheint sich dieses Kunstverständnis noch zu verstärken, wie Karl Albert betont. Dieser löse sich noch bewußter vom Realen, um ein „mystisch-pantheistisches Weltgefühl" in seinen Werken zu artikulieren: d.h. er setzte Formeln ein für alles Irdische und Wirkliche, wie er in seinen Tagebüchern selbst schreibt.[17]

Es sei wohl kein Zufall, daß die abstrakte Malerei sich der Metaphysik zuwende, meint Albert auch im Blick auf Mondrian, der sogar eine ästhetische Theorie zu seiner metaphysischen Kunst entwickelt hatte. Das Metaphysische bezeichnet er als „reine Realität", die der Künstler erkennen und zur Darstellung bringen müsse. Denn nicht die „natürliche Realität" in ihrer Vielfalt und Widersprüchlichkeit, auf die das alltägliche Bewußtsein gerichtet sei, offenbare das Universale und Überdauernde, sondern nur eine geistige Form des Denkens, die die Quisquilien des Alltags transzendiert. Mondrian war Künstler und Denker, und er „stellte der Kunst und dem Kunstwerk auch eine neue Aufgabe: sie sollte der Menschheit die Richtung weisen", wie Hans L.C. Jaffé über ihn schreibt.[18] Auch Mondrian intendiert augenscheinlich durch die Wirkung seiner Kunst eine Veränderung der Lebenswelt, doch diese bezieht sich primär auf das Bewußtsein der Menschen, und nicht vordergründig auf eine Veränderung sozio-politischer Verhältnisse. So

---

17　K. Albert: Philosophie der modernen Kunst, a.a.O., S. 22. In diesem Zusammenhang verweist er auch auf Carlo Carrà und dessen enge Beziehung zur Metaphysik als der wahren, zeitüberschreitenden Realität (23).
18　Jaffé, L.C. (Hg.): Piet Mondrian. Köln 1971, S. 6.

sei er der entschiedenste Protagonist der „Objektivität, also einer überpersönlichen Gesetzmäßigkeit" gewesen und stehe damit gegen Kandinsky, der von einer subjektiven Gesetzmäßigkeit ausgehe. Die elementaren Stilmittel seiner Werke sind in der Tat ein deutliches Kriterium für seine Reduktion auf das für Mondrian Wesentliche der Kunst: dem neuplatonischen und pantheistischen und sogar theosophischen Gedankengut, das auch seine ethische Haltung beeinflußte. Dieses Ziel verfolgte er immer intensiver im Streben und der Suche nach dem Wesen der Dinge und ihren universalen Zusammenhängen sowie ihrer absoluten Stimmung, die er gewissermaßen in Formeln und auch symbolhaften Zeichen auszudrücken versuchte (vor allem in seinen Kompositionen ab 1912).

Daß Kunst auf diesem Hintergrund immer auch ethische Prinzipien impliziert, läßt sich generell nachweisen. Bei Mondrian zeige sich beispielsweise ein ethisches Ziel in seiner „Vision einer künftigen Harmonie der Menschheit", wie Jaffé hervorhebt, und man könne „Spinozas Buch 'Ethica, ordine geometrico demonstrata' auf Mondrians künstlerisches Schaffen anwenden".[19] Die Gestaltung einer universellen Harmonie und der bestimmenden Gesetze des Kosmos zu artikulieren, läßt sich demzufolge als essentieller Gehalt seiner Werke interpretieren, welcher nach Mondrian nur mit abstrakten bildnerischen Mitteln realisiert werden kann. Ganz sicher haben wir es mit Mondrians Weltbild und

---

19 A.a.O., S. 66f. Vgl. auch die „De Stijl-Bewegung", die im Anschluß an die Neuplatoniker ein neues Weltbild zu formen gedachte.

seiner Auffassung des neuen Menschen mit einer Vision, zugleich aber auch mit einer Utopie zu tun, denn diese Vision widersprach dem Zeitbewußtsein diametral, insofern der erste Weltkrieg mit seinen Wirren völlig andere Empfindungen in den Menschen auslöste als es Mondrians philosophische Gedanken je erreicht hätten. Hier ging es nur noch um einen Lebenskampf, um das nackte Überleben, um das Tragische und Irrationale der bewußten Vernichtung und Zerstörung. Die Menschheit ʹerleuchtenʹ zu wollen, war demzufolge ein phantastisches und zugleich hoffnungsloses Unterfangen. Gleichwohl war Mondrians Kunst für das Leben gedacht, für neue Menschen in einer neuen, harmonischen Gesellschaft. Mondrian starb 1944 in New York, den zweiten Weltkrieg hat er also noch miterlebt, ohne indes von seinem Ende und der darauffolgenden zum Frieden neigenden Epoche Kenntnis nehmen zu können.

3.

Wenn man auf Mondrians ästhetische Theorie zurückblickt, so lassen sich sehr deutliche Parallelen zu Nohls kunstphilosophischen Reflexionen erkennen. Beiden geht es um ein „ästhetisches Grundverhalten", welches im Leben verankert und keineswegs einem esoterischen Kreis von Fachleuten oder besonders Gebildeten vorbehalten ist. Dieses ästhetische Grundverhalten bezieht sich durch eine Erweiterung des Begriffs des Ästhetischen auf alle Phänomene des Alltags, insbesondere aber auf das subjektive Bewußtsein der Menschen. Nohl formuliert in diesem Zusammenhang sein dezidiertes Postulat an den Menschen folgendermaßen:

„wo wir unsere Umgebung zum Ausdruck unseres Seins gestalten, ist ein Bezirk des Lebens geschaffen, der wirklich vergeistigter Ausdruck einheitlichen Lebens ist... da offenbart sich ein höheres Dasein".[20]

Mit der erneuten Bindung an Geistigkeit wendet der Philosoph sich sowohl gegen eine überbordende Rationalität als auch gegen die Überbewertung von Funktionalität, insofern dadurch eine wesentliche Qualität des menschlichen Bewußtseins vernachlässigt wird, wie er bereits inbezug auf den „Schichtenaufbau der Seele" betonte. Das Kunstwerk muß dagegen eine jede der seelischen Schichten des Menschen affizieren (die biologisch-naturhafte, die freudig-aktive, die schöpferisch-geistige und die formal-geistige), die entsprechend dem Seelischen auch die „Charakterologie des Kunstwerks" bestimmen.[21] Nohl betont, daß jede seelische Schicht sowohl im Kunstwerk (damit auch im Künstler) als auch im Betrachter in Erscheinung treten muß, denn *„nur wo der Mensch in allen diesen Schichten lebt, lebt er ganz, und nur wo in einem Werk alle diese Schichten wirksam geworden sind, ist es menschlich voll, spricht es unser totales Dasein aus".*[22]

20 H. Nohl: Die ästhetische Wirklichkeit, a.a.O., S. 180f.
21 Vom Sinn der Kunst, a.a.O., S. 76ff.
22 Die ästhetische Wirklichkeit, a.a.O., S. 129.

Das „totale Dasein" ist für Nohl das „eigentliche Leben", und es entspricht in seiner metaphysischen Dimension einem höheren, geistigen Dasein, welches Werte, Normen und Richtlinien für das menschliche Denken und die gesamte Existenz bereitstellt. Diese Feststellung erfordert es nun, explizit auf Nohls Aufsatz „Über den metaphysischen Sinn der Kunst" einzugehen, denn er erschließt in besonderem Maße das denkerische Fundament seiner Kunstphilosophie. Vorab ist festzuhalten, daß Nohls Auffassung der Metaphysik sich nicht im spekulativen Bereich bewegt, sondern aus einer Erfahrung stammt, die im Leben selbst angelegt ist.[23] Das bedeutet, lebensphilosophisches Denken gründet letztlich in der Beobachtung der Wirklichkeit, die es allerdings transzendiert, um das Wesentliche der menschlichen Existenz aufzudecken. Zu diesem engen und meist unbemerkten Zusammenhang von Äußerem und Inneren notiert er folgendes:

„nämlich daß wir Leib und Seele sind, daß der Leib ausdrückt, was die Seele ist und meint, in Gebärde und Ton, in Form und Farbe. Diese metaphysische Einheit ist auch das eigentliche Organon der Kunst: sie sieht nie bloß Farbe, sondern Farbe aus Ausdruck, nie bloß Form, sondern Form als Gestalt der Seele".[24]

Es wird deutlich, daß er eine Einheit von Geist und

---

23 Eine ähnliche Position bestimmt auch die Kunstphilosophie Karl Alberts, auf die weiter oben schon eingegangen wurde.
24 Vom Sinn der Kunst, a.a.O., S. 14. Ohne dies ausdrücklich zu erwähnen, bezieht Nohl sich offensichtlich auf Schopenhauer und Nietzsche.

Leben erkennt und ihre Differenz aufheben will, denn Einzelerscheinungen besitzen seiner Auffassung nach nur Sinn und Bedeutung, wenn sie in einem übergreifenden Zusammenhang verankert sind. Auf das Kunstwerk bezogen heißt das, daß im geistig-seelischen Schaffensprozeß Seelisches in das Objekt einfließt und dergestalt das Besondere offenbart. In vergleichbarer Weise vollzieht sich das *Verstehen* des Betrachters. Dieses ist wirkungslos, wenn es sich um bloß rezeptives Verstehen handelt, welches in der Regel an der Oberfläche bleibt, ohne daß der Mensch auch innerlich involviert ist. Denn wirkliches Verstehen ist ein aktiver, einfühlender Akt, der mehr als nur ein rationales Prozedere erfordert. Es ist ein Vorgang, der Veränderungen durch Erkenntnis im Bewußtsein hervorruft, wie Nohl dies sowohl vom Künstler als auch vom Rezipienten erwartet. Verstehen ist also immer mit der Sinnfrage verbunden, und bezogen auf die Kunst: auf das genuine Grundverhältnis von Leben und Kunst.

Bei Nohls Verständnis des metaphysischen Sinns der Kunst ist entscheidend, daß die innere Zusammengehörigkeit der Einzelphänomene der empirischen Welt mit einem Übergeordneten vor Augen geführt wird, um die Einheit des Lebens an sich sichtbar zu machen. Seine Kritik richtet sich mit dieser Wendung auf ein Leben, das im Äußerlichen verläuft, einem Leben, in dem das Materielle, Flüchtige und Oberflächliche immer mehr an Einfluß gewinnt, wie wir es gegenwärtig wieder beobachten können. Diese ´Entzweiung´ des Lebens könne die Kunst durch Vergeistigung der Dinge überwinden, indem sie hinter der Äußerlichkeit eine neue Dimension einer anderen Wirklichkeit aufscheinen lasse.

Ob sich Nohls Kunstverständnis noch auf die Gegenwartskunst anwenden läßt, bleibt zunächst eine offene Frage, wenn man einmal an die Artefakte denkt, die heute in Museen und auf dem Kunstmarkt um Aufmerksamkeit heischen. In der Tat ringt die Gegenwartskunst nicht selten mit spektakulären Produkten um Akzeptanz, deren Sinn und Bedeutung vielen Betrachtern nicht zu erschließen ist, so daß nur noch Interpretationen von Eingeweihten zum Verständnis beitragen können.

Im Jahr 1945 verfaßte Nohl im Blick auf Herbert v. Einem einen Aufsatz mit dem provokanten Titel „Das Ende der Kunst", der durchaus als Plädoyer für die Kunst seiner Zeit zu verstehen ist. Während v. Einem alle Schöpfungen der Gegenwart „in gleicher Verdammnis" aburteile (ihnen fehle das Vorhandensein einer geschlossenen, religiösen Welt), moniert Nohl an dieser Aussage ferner die grundsätzlich falsche These, nämlich die unbezweifelbare gemeinsame Vorstellungsform, die die Werke trage.

Doch auch Nohl sieht einen Niedergang der Kunst seit der Mitte des 18. Jahrhunderts aufgrund einer „Überwucherung der Rationalität, wo dann der Bedeutungszusammenhang und der Bildzusammenhang sich nicht mehr decken". Mit dieser Entwicklung sei das metaphysische Verhältnis zur Sichtbarkeit, „das die elementare

Grundlage aller bildenden Kunst ist, verloren".[25] Doch er wendet ein, daß eben nicht ein geschlossenes Weltbild, welches auf Mythen aufbaut, den Sinn einer Darstellung begründen kann. Selbst in der Wirklichkeit sei die Fähigkeit und auch die Leidenschaft noch vorhanden, das Schöne und Wesentliche des menschlichen Daseins zu artikulieren, sogar dann, wenn das Furchtbare und Grausame der Welt überwiege. So sei der Weg von der Transzendenz zur Immanenz in der Moderne durchaus erkennbar und verständlich, denn „wir wollen das Leben aus ihm selber verstehen und erwarten von unseren Künstlern, daß sie uns den Himmel der Schönheit in unserem Alltag offenbaren, ihre Heiligkeit und Macht in dieser von uns gelebten grausamen Wirklichkeit".[26]

Dieser dezidierte Rückgriff auf die gelebte Wirklichkeit als Aufgabe der Kunst darf gleichwohl nicht darüber hinwegtäuschen, daß Nohl keineswegs einen bloßen Realismus verteidigen wollte. Auch ist Kunst nicht Selbstzweck für Nohl, und ebenso könne die Kunst nicht nur von formalen Gesetzmäßigkeiten von Farbe und Form leben. Sie ist gefordert, eine existentielle Erfahrung in der ästhetischen, schöpferischen Gestaltung zu vermitteln und als formende Kraft auf das Leben eines jeden einzuwirken. Letztlich – so meint Nohl – ist die ästhetische Erfahrung eine „*tiefste ethische Erfahrung*".[27]

---

25 A.a.O., S. 107.
26 A.a.O., S. 110.
27 A.a.O., S. 122.

II.
Kandinskys Plädoyer für das Geistige in der Kunst

Wenn man vom Geistigen spricht, so handelt es sich um ein immaterielles, ein ideelles Phänomen, welches grundsätzlich an die Intellektualität des Menschen appelliert, wie dies z.B. in der Philosophie Schopenhauers besonders deutlich wird. Gleichwohl ist mit seiner Charakterisierung des Begriffs keineswegs eine eindeutige und präzise Deutung gegeben, wie die Philosophiegeschichte belegt. Etymologisch gesehen, verweist das Wort 'Geist' auf den griechischen Begriff 'Pneuma', der den Atem bezeichnet als zunächst materieller Lebensgrund oder später als Bild für ein immaterielles Phänomen, aus dem sich verschiedene übertragene Bedeutungen ergeben haben (Seele, Geistiges, Bewußtsein etc.).

Die Interpretation des Geistbegriffs hängt von verschiedenen Faktoren ab, die auch von der jeweiligen philosophischen Position bestimmt werden. So kann 'Geist' in Beziehung gesetzt werden zu Verstand oder Vernunft. Denken als immaterieller Akt eines geistigen Wesens wird allerdings erst bei Platon und Aristoteles im Gegensatz zur sinnlichen Seele thematisiert, was letztlich auch den Dualismus von Körper und Geist begründet. Sehr viel später trat die Auffassung hinzu, daß das Selbstbewußtsein – der individuelle Geist – den Denkprozeß ausschließlich bestimmt (z.B. Descartes). Auf die vielfältigen und teils divergierenden Auffassungen zum Geistbegriff gehen wir im Blick auf unsere Thematik und Zielsetzung nicht weiter ein.

Im folgenden beziehen wir uns unter Bezug auf den an Dilthey anschließenden Kulturphilosophen Herman Nohl im wesentlichen auf die Axiome der philosophischen Anthropologie, die den Geistbegriff als 'denkende Intelligenz' und 'bewußte Seele' oder wie bei Plessner als 'Bewußtsein der eigenen Innerlichkeit' mit dem Oberbegriff 'Seele' verwendet, der auf ein eigenständiges, verantwortungsbewußtes Subjekt bezogen wird. Auf diesem Hintergrund befassen wir uns mit dem Geistigen und dem Schöpferischen in der Kunst, wobei das Augenmerk zunächst auf ein wesentliches Moment in der Begegnung mit Kunst gerichtet werden muß. Dieses bezieht sich auf das Verstehen des Geistigen, welches in der Kunst zur Wirkung kommt. In diesem Zusammenhang ist es auch geboten, die Gedanken eines Künstlers einzubeziehen, der sich explizit mit dem Geistigen in der Kunst befaßt hat: Wassily Kandinsky (1866-1944).

Die *Erfahrung* des Geistigen beruht in lebensphilosophischem Verständnis auf ganz speziellen Eigenschaften und Fähigkeiten, die die Erfahrung eines Sachverhalts zur Erkenntnis führt. Dabei geht es um das

Verstehen, durch das eine Steigerung des Seelenlebens als des inneren geistigen Potentials geschieht. Ein erster Schritt ist das *'Sich-Hineinversetzen'* als aktiver, reflektierender Akt in einen Sachverhalt, was bedeutet, sich zu öffnen und das Begegnende auf sich wirken zu lassen. Dabei müssen – wie dies schon Nohl forderte – alle Kräfte des menschlichen Bewußtseins aktiv werden, also nicht nur die rationalen, sondern auch die emotionalen. Eine Reflexion folgt diesem ersten und wichtigen Schritt, wobei beispielsweise bei der Kunstbetrachtung die Intention des Künstlers, seine bildnerische Gestaltung und die inhaltlichen Aussagen des Werkes in einen Zusammenhang gebracht werden.[28] *Verstehen* ist eine weitere Kategorie im fortschreitenden Erkenntnisprozeß, in dem die Strukturen der geistigen Welt – also des Werkes - transparent werden. Dieses 'höhere' Verstehen (Dilthey) bzw. die gewonnene geistige Erkenntnis dient als 'bildende Kraft' der Selbstentfaltung des Individuums. Verstehen gründet also in der intensiven Auseinandersetzung mit den Phänomenen der Wirklichkeit, bedeutet Eindringen in ihre Strukturen und Zusammenhänge und geistige Verarbeitung, die zur Orientierung in der Welt maßgebend ist. Dilthey unterscheidet dabei zwei unterschiedliche Formen des Verstehens: die elementaren und die höheren Formen. Während die elementaren Formen des Verstehens in den Interessen des

---

28 Vgl. zum Begriff des Verstehens W. Dilthey, der von drei Phasen im Verstehensprozeß spricht: dem „Hineinversetzen, Nachbilden, Nacherleben" (Der Aufbau der geschichtlichen Welt in den Geisteswissenschaften. GS Bd. VII, 7. Aufl., Stuttgart 1979, bes. S. 208-216).

alltäglichen, praktischen Lebens zur Anwendung kommen, führt das höhere Verstehen zur Erkenntnis eines inneren Zusammenhangs, der z.B. das Verständnis geistiger Schöpfungen erst ermöglicht.[29] Welche Bedeutung Kandinsky dem Verstehen geistiger Schöpfungen beimißt, soll im folgenden untersucht werden.

1.

Wassily Kandinsky wurde in Moskau geboren, war Schüler von Stuck in München und wurde 1918 Professor in Moskau, 1922 erhielt er eine Professur in Weimar und schließlich 1925 in Dessau am Bauhaus. Im Jahr 1933 ging er nach Neuilly-sur-Seine, wo er 1944 starb. Bekannt wurde er vor allem als erster Vertreter der abstrakten Kunst, die auf die Wiedergabe des Realen verzichtete und nach Ausdrucksmöglichkeiten für eine neue Sicht auf die Welt suchte (sein erstes abstraktes Aquarell stammt von 1910). Mit Franz Marc gründete er in München die Künstlergruppe „Blauer Reiter", die ähnliche Ziele verfolgte und bald an Einfluß gewann. Diese Künstler stellten an ihre Kunst einen ganz spezifischen Anspruch: ihnen war daran gelegen, das hinter dem Sichtbaren Verborgene freizulegen, um dem Betrachter eine unbekannte, geistige, metaphysische, aber erfahrbare Welt nahezubringen. Kandinsky hat sich in zahlreichen Schriften zu seiner Absicht und seinem

---

29 A.a.O., S. 207f.; 110ff.

künstlerischen Schaffen geäußert und damit einen Paradigmenwechsel in Bezug auf die Bildsprache der Kunst eingeleitet, der auf den allgemein vertretenen Zweifel an der Wirklichkeit und dem Sichtbaren als einzige Tatsache der Wahrnehmung zurückzuführen ist, während das Geistige dieses Faktische transzendieren könne.[30] Unterstützt wurde diese Tendenz auch durch neue wissenschaftliche Erkenntnisse, z.B. der Kernspaltung, durch die die bislang fraglos akzeptierte Realität ins Wanken geriet und die Künstler die Welt als Resultat ihrer Einbildungskraft begreifen ließ. Es galt also, durch die Kunst eine neue Weise der Erfahrung und Erkenntnis zu ermöglichen, die auch dem Betrachter nahegebracht werden sollte: denn grundlegend „ist der Glaube an die Möglichkeit der Verbildlichung der ´mystisch-innerlichen Konstruktion des Weltbildes´, der auch die Ästhetik des ´Blauen Reiter´ bestimmt. Für Kandinsky bedeute Malen nicht mehr „Dialog des Menschen mit seiner Außenwelt, Malen war jetzt Dialog des Men-

---

30 Warum gelang es gerade dem Russen Kandinsky, sein künstlerisches Schaffen der Abstraktion zu widmen, fragt Werner Haftmann. Die Beantwortung dieser Frage sieht er im der Persönlichkeit begründet, denn der Künstler sei stark von seiner Mentalität beeinflußt, hinzu komme „die Zeichensprache der russischen Ikonen, der mystische, farbendurchglühte Dämmer der orthodoxen Kirchen und die buntfarbige, abstrakte Ornamentik der russischen Volkskunst. Aber neben diesen visuellen Erlebnissen war es sein Russentum selbst, das ihn befähigte, die Welt des Materiellen und ihrer sichtbaren Gestalten leichteren Herzens hinter sich zu lassen. Denn das Mystische der russischen Menschlichkeit hatte ja nie Kunst als Wiedergabe eines Sichtbaren verstanden…". (Malerei im 20. Jahrhundert. Bd. 1, München 1954, S. 175f.).

schen mit seiner Innenwelt, der der ausgeformten Symbole der Gegenstandswelt zur Mitteilung nicht mehr bedurfte".[31]

Kulturschöpfungen wie Musik, Literatur und Kunst sind Ausdruck eines geistigen Schaffensaktes, der letztlich auf das Verständnis des Rezipienten angewiesen ist. Die Kunst muß also das im Werk hinter dem Sichtbaren Verborgene und Wesentliche erfahrbar machen können, was bedeutet, daß der Künstler dieses Verborgene mit seinen Mitteln zum Ausdruck bringen muß. In einer der ersten Notizen zu seinem Buch „Über das Geistige in der Kunst" schreibt Kandinsky, wie Max Bill in der Einführung berichtet: *„Die Farbenpracht im Bilde muß den Beschauer gewaltig anziehen, und zur selben Zeit muß sie den tiefliegenden Inhalt verbergen."* Er erläutert diesen Satz folgendermaßen: *„Ich meinte darunter den malerischen Inhalt, aber noch nicht in reiner Form (wie ich ihn jetzt verstehe), sondern das Gefühl oder die Gefühle des Künstlers, die er malerisch ausdrückt. Damals lebte ich noch in dem Wahn, daß der Beschauer sich mit offener Seele dem Bild gegenüberstellt und eine ihm verwandte Sprache herauslauschen will".*[32]

Daß Kandinsky mit seiner Kunst eine ganz spezielle Absicht verfolgte, läßt schon der Titel seines Buches vermuten. Ebenso wie mit der Schrift 'Der Blaue Reiter' ist ihm daran gelegen, *„diese unbedingt in der Zukunft nötige, unendliche Erlebnisse ermöglichende Fähigkeit des Erlebens des Geistigen in den materiellen und in den abstrakten*

---

31 Ebd., S. 179, 181f.
32 W. Kandinsky: Über das Geistige in der Kunst. Bern 1952, S. 5f.

Dingen zu wecken. Der Wunsch, diese beglückende Fähigkeit in den Menschen, die sie noch nicht hatten, hervorzurufen, war das Hauptziel der beiden Publikationen".[33]

Kandinskys Hoffnung in Bezug auf die Wirkung der Kunst auf den Menschen liegt also in ihrer Kraft, die „eigentlichen psychischen Werte, die Ausgangspunkt und Ziel aller künstlerischen Produktion sind", zu artikulieren. Damit meint er nicht nur eine im Kunstwerk enthaltene „Metaphysik des Schönen", sondern – wie er betont – eine *„höhere Metaphysik, die die Kunst in ihrem gesamten Umfang umfaßt und die über jede materialistische Deutung hinausweisend sich in allem Geschaffenen dokumentiert... Diese metaphysische Auffassung ist mit der Erkenntnis gegeben, daß alle künstlerische Produktion nichts anderes ist als eine fortlaufende Registrierung des großen Auseinandersetzungsprozesses, in dem sich Mensch und Außenwelt seit Anbeginn der Schöpfung und in aller Zukunft befinden. So ist die Kunst nur eine andere Äußerungsform jener psychischen Kräfte, die in demselben Prozeß verankert das Phänomen der Religion und der wechselnden Weltanschauung bedingen"*.[34]

Diese Präzisierung seiner Kunstintention verweist auf den engen Zusammenhang zwischen dem Menschen, seiner Lebenswelt, aber insbesondere auch auf ein beide transzendierendes Phänomen, welches der Kunst erst den ihre angemessenen Ort im Kulturgeschehen bietet. Nicht der bloße Realismus und die Hinwendung zu einer vergänglichen, materialistischen Außenwelt

33 A.a.O., S. 6.
34 A.a.O., S. 11.

begründet für Kandinsky den Sinn der Kunst, sondern ihre geistige Äußerung, die das Elementar-Menschliche zum Vorschein bringt. Gewiß ist mit dieser Einstellung auch Kultur- und Gesellschaftskritik verbunden, wie sie in der philosophischen Diskussion dieser Zeit deutlich hervortritt. Immer geht es dabei um einen „neuen Menschen", von dem man erwartet, daß er sich fortentwikkele, geistiger werde und sein Leben so ausrichte, daß es seinem wahren Wesen zu entsprechen vermag. Viele Künstler wie u.a. Franz Marc, Paul Klee, aber auch der bereits erwähnte Mondrian sehen in ihrer Kunst eine vergleichbare Zielsetzung, indem sie versuchen, auf den Menschen einzuwirken. Der technologische Fortschritt – vor allem die Atomphysik – rief skeptische Reaktionen hervor und hat wohl auch Kandinsky zutiefst beunruhigt, vermutlich auch, weil durch die technischen Wissenschaften ein neues Menschenbild entstehen könnte, welches dem der Philosophen und Künstler keineswegs mehr entsprach.

Kandinsky geht davon aus, daß auch die Kunst sich fortentwickelt, aber eine jede Epoche ähnele in ihren "*inneren* Bestrebungen in der ganzen moralisch-geistigen Atmosphäre... Ebenso wie wir suchten diese reinen Künstler nur das Innerlich-Wesentliche in ihren Werken zu bringen...".[35] Dem Betrachter seiner Zeit traut der Künstler aufgrund des um sich greifenden Materialismus allerdings nicht zu, eine Kunstform zu verstehen, die auf Innerlichkeit, auf die empfindende Seele ausgerichtet

---

35 Über das Geistige in der Kunst, a.a.O., S. 21f.

ist, denn nur durch den „Mitklang seiner Seele" werde er „geistige Nahrung" finden und seine Empfindungen vertiefen.[36] *Verstehen* nennt Kandinsky daher das Heranbilden des Betrachters auf den Standpunkt des Künstlers, dessen Kunst eine „weckende prophetische Kraft" besitze, denn in jedem Bild sei auf geheimnisvolle Weise ein ganzes Leben eingeschlossen, von dem es künden will, wie der Künstler sehr poetisch formuliert.

Immer wieder betont Kandinsky, daß es unabdingbar sei, den Blick von den Äußerlichkeiten abzuwenden und ihn auf sich selbst zu richten. Er bezeichnet diesen Vorgang als „geistige Wendung", welche dann entsteht, wenn z. B. Religion, Wissenschaft und Moral als sicherer Halt ins Wanken geraten, wie er im Blick auf Nietzsches kritische Gesellschaftsanalyse erläutert. Und weiter: *„Die Literatur, Musik und die Kunst sind die ersten empfindlichen Gebiete, wo sich diese geistige Wendung bemerkbar macht in realer Form. Diese Gebiete spiegeln das düstere Bild der Gegenwart sofort ab, sie erraten das Große, was erst als ein kleines Pünktchen nur von wenigen bemerkt wird und für die große Menge nicht existiert".*[37]

Kandinsky zweifelt folglich an der geistigen Entfaltung und der kulturellen Atmosphäre seiner Zeit, in der nicht einmal ihr Niedergang bemerkt und das „Innere im Äußeren" weder gesucht noch verstanden wird. In jeder Zeit sei mithin eine geistige Bewegung vonnöten, die kritisch auf geistige Verfallserscheinungen im menschlichen Leben reagiert und auf das Wesentli-

---

36 A.a.O., S. 23.
37 A.a.O., S. 43.

che der menschlichen Existenz aufmerksam macht. Er betont in diesem Zusammenhang, daß die Künste die sensibelsten Bereiche seien, die jede geistige Wendung zuerst spürten und sie mit ihren Mitteln auf reale Weise auszudrücken in der Lage seien, denn: *„sie erraten das Große, was erst als ein kleines Pünktchen nur von wenigen bemerkt wird und für die große Menge nicht existiert".*[38]

Nicht das materielle Streben (die „seelenberaubten Inhalte") führe aber in die Sphären der geistigen Welt, sondern nur das Suchen nach dem Existentiellen, den inneren Werten des menschlichen Lebens. Kandinsky habe ein Weltbild entworfen, „das den Menschen in eben der tragischen Konfliktrolle bestätigt, mit deren Aufhebung bzw. Unterdrückung zur gleichen Zeit Mondrian beschäftigt ist", meint der Kunsthistoriker Werner Hofmann.[39] Und er fährt fort, daß der „auf die Vorherrschaft des Geistigen pochende Antimaterialist" gleichwohl „von der Überzeugung erfüllt war, daß sich im Materiellen das Geistige kundgibt", denn „der innere Klang, das innere Wesen, die geheime Seele – all das glaubt Kandinsky in jedem ′Ding′ - im Zigarettenstummel, im Hosenknopf und folglich auch in der Linie und im Farbfleck - zu verspüren".[40]

Das bedeutet ferner, daß der Maler nicht mehr auf Gegenständliches angewiesen ist; er verwendet folglich anschauliche Metaphern, um seine Weltsicht aus-

---

38 A.a.O., S. 43
39 W. Hofmann: Die Grundlagen der modernen Kunst. Stuttgart 1987, S. 305.
40 A.a.O., S. 310ff.

zudrücken, vor allem seine Vorstellung eines „großen vibrierenden Zusammenhangs der Schöpfung".

2.

Die von Kandinsky verwendeten Chiffren deuten in der Tat auf eben diesen Zusammenhang hin, und Aufgabe des Betrachters ist es nun, sich in den schöpferischen Akt des Künstlers hineinzuversetzen und sogar fortzuführen, um in den Bedeutungsgehalt eindringen zu können. Er tritt gleichsam in ein Gespräch mit dem Bild ein und zugleich mit dem Künstler und seinen Gedanken und Visionen, seiner Sicht auf die von ihm artikulierte Wirklichkeit. Diese Wirklichkeit erscheint zunächst zwar als eine neue und unbekannte, weil sie sich von der wahrnehmbaren Realität distanziert hat, dennoch aber unterliegt sie im Sinne Kandinskys den Gesetzen der kosmischen Welt. Es geht also keineswegs um ornamentales Gestalten von Farbe und Form, sondern vielmehr um den Zusammenhang von äußerer Darstellung und innerer Bedeutung, die die Komposition bestimmt und von dem Betrachter sehr wohl als Metapher verstanden werden kann. Hofmann erklärt im Rekurs auf Johannes Eichner, man „könnte also die Abstraktion auch als den Versuch deuten, die vertraute Welt unvertraut, geheimnisvoll, ahnungsvoll und rätselhaft zu machen – sie zu ´verschleiern´", ein von Kandinsky selbst stammendes Wort, um „vom Geheimnis durch Geheimes" sprechen zu können.⁴¹

Daß der Maler dem Betrachter Rätsel bei der Entschlüsselung seiner Werke aufgeben will, birgt natürlich immer auch die Gefahr, daß er mißverstanden wird, wie dies in der abstrakten Kunst nicht selten geschieht. Das Fremde und Unbekannte erweckt zweifellos Mißtrauen, denn es irritiert und verunsichert und stellt die Fähigkeiten der eigenen Wahrnehmung infrage. Auf diesem Hintergrund wird nicht nur eine Auseinandersetzung mit dem Werk erschwert, sondern ein vom Künstler erwartetes Verstehen möglicherweise gänzlich verhindert (wie die Publikumsresonanz damals offensichtlich auch beweist). Kandinsky habe sich – um seinen bildnerischen Ausdruck zu legitimieren – der „Rückendeckung durch das kosmische Geschehen versichert", meint nun Werner Hofmann, der mit dieser durchaus kritischen Deutung das geistige Anliegen des Künstlers und seinen Anspruch an das Publikum jedoch nicht hinreichend berücksichtigt.⁴²

Kandinsky spricht ferner von einer erforderlichen seelischen Empfindsamkeit des Menschen, die ihn erst dazu befähigt, die oberflächliche und zugleich schnell vergängliche Wirkung eines Objekts zu durchdringen und den „inneren Wert" und den „inneren Klang" von Wahrnehmbarem zu erkennen. Und so kann Kandinsky auch sagen, daß seine Bildmittel – Form und Farbe – „Äußerung des inneren Inhalts" sind (nicht also des rein Materiellen), der „die menschliche Seele in Vibration

---

41 W. Hofmann, a.a.O., S. 315.
42 A.a.O., S. 116.

bringt".[43]

3.

Wir haben es also bei Kandinskys Auffassung zur sinnhaften Rezeption des künstlerischen Ausdrucks mit einer gänzlich anderen Weise der Begegnung mit kulturellen Gütern zu tun als dies in der Gegenwart der Fall zu sein scheint. Der moderne Mensch fühlt sich – ganz dem Zeitgeist angepaßt - angesprochen vom Sensationellen, vom Spektakulären, das allerdings keine nachhaltige und tiefergehende Wirkung erzeugen kann. Es verlangt keine geistige Auseinandersetzung, denn es bleibt im Äußerlichen verhaftet und wird allzu schnell von Neuem überlagert, und so kann es die menschliche Seele nicht „in Vibration" bringen. Daher meint Kandinsky, daß die enge Verwandtschaft der Kunst aller Epochen „nicht im Äußeren, im Äußerlichen liegt, sondern in der Wurzel der Wurzeln – im mystischen Inhalt der Kunst" als *innere Notwendigkeit* eines überdauernden Ausdrucks der menschlichen Seele.[44] Es ist das „Ewig-Objektive", von dem der Künstler hier spricht, in dem das Zeitlich-Subjektive enthalten ist, und auf diese Weise das Objektive in ständig gewandelter Form erscheinen läßt. Das verlangt ferner, daß der Künstler sich nicht dem Zeitgeist unterwerfen sollte, sondern sein Augenmerk auf sein „inneres Leben" zu richten hat, denn „taub gegen

---

43 Kandinsky: Über das Geistige in der Kunst, a.a.O., S. 69.
44 A.a.O., S. 83.

Lehren und Wünsche der Zeit soll der Künstler sein", und daß ferner „im Grunde eines jeden kleinen und im Grunde des größten Problems der Malerei das *Innere* liegen wird".[45]

Zweifellos muß diese Überzeugung Kandinskys (die Abkehr von Äußerlichem) Widerspruch hervorrufen, vor allem dann, wenn die Kunst politische oder soziale Themen der Alltagswelt aufgreift, um Veränderungen des gesamtgesellschaftlichen Systems zu bewirken. Neo Rauch als bedeutender Künstler der Gegenwart würde beispielsweise die Auffassung Kandinskys vermutlich teilen, insofern er von der Kunst verlangt, nicht Werkzeug der Politik zu sein, welches radikal und provokativ eingesetzt wird, um gesellschaftliche Zustände zu verändern – und durchaus auch auf ideologischem Hintergrund. Kunst werde dann als „Waffe" eingesetzt, „eine Erwartungshaltung, an der Kunst nur zerbrechen kann", denn: „dann betreibe ich eine Art Propagandamalerei, wie ich sie ganz abscheulich finde. Das zerbricht dann der Kunst vollends das Genick".[46] Eine völlig andere Auffassung von Kunst offenbart sich indes bei Kandinsky, der die Kunst als Mittel zur Erkenntnis des eigenen Selbst versteht, welches auf das Bewußtsein des Einzelnen einwirken kann, um eine reflektierte Haltung zur Welt und den einzelnen Phänomenen zu erreichen. Von daher läßt sich Kandinskys Festhalten an seiner rigorosen Auffassung auch verstehen, wenn er auf die „inne-

---

45 A.a.O., S. 84f.
46 Neo Rauch im Gespräch mit Ralph Keuning. In: Ausst.-Kat., Ostfildern 2018, S. 120.

re Notwendigkeit" des seelischen Ausdrucks verweist, welche es durchaus ermögliche, zu anderen Mitteln zu greifen, was letztlich bedeutet, auch äußere Phänomene zu thematisieren, wenn dies aus der inneren Notwendigkeit oder der seelischen Betroffenheit heraus geschieht. Kandinsky selbst folgt diesem Postulat in gewisser Weise auch, indem er aufgrund seiner Kritik am geistigen Niedergang seiner Zeit vom Menschen selbst eine Umkehr verlangt – von einer materialistischen Sicht auf die Welt hin zu einer geistig motivierten, einer solchen also, die nicht durch bloß äußere Erscheinungen geblendet wird, die das Wesentliche verstellen. Aber – so wendet der Künstler erneut kritisch ein – „*der Mensch im allgemein geht nicht gerne in große Tiefen, er bleibt gerne an der Oberfläche, da dieselbe weniger Anstrengung verlangt*".[47]

Die Bedeutung und der Sinn der Kunst liegt insofern vor allem in ihrer Möglichkeit, „weiterschaffende, aktive Kräfte" zu entfalten und auf das Bewußtsein des Menschen einzuwirken. So gesehen, „lebt" das Kunstwerk, es „wirkt" und „ist an der Schöpfung der besprochenen geistigen Atmosphäre tätig".[48] Obzwar die Kunst eine uneingeschränkte Freiheit inbezug auf ihre Thematik und ihre Mittel besitzt, gilt auch hier Kandinskys Forderung nach der *inneren Notwendigkeit* als Basis jeden künstlerischen Ausdrucks. Interessanterweise bezieht der Künstler dieses von ihm geforderte und von der Lebensphilosophie postulierte Prinzip auf das *Leben* selbst, eines solchen allerdings, das nicht im Materiellen

---

47 Über das Geistige in der Kunst, a.a.O., S. 122.
48 A.a.O., S. 132.

und Alltäglichen verankert ist. Daraus folgt zugleich, daß Kandinsky mit seiner Wendung von der „Erziehung der Seele", ihrer „Entwicklung und Verfeinerung" durch die Macht der Kunst ganz im Sinne Platons eine „Umkehr" (peragogé) des menschlichen Bewußtseins fordert.[49]

Es geht also nicht zuletzt um die anthropologische Funktion der Kunst, ihrer Bedeutung für den Einzelnen und ihrer grundsätzlichen Zielsetzung. Daß die Künste Funktionen besitzen, ohne die Menschsein nicht möglich sei, hebt Gerhard Frey in seiner Schrift über die „Anthropologie der Künste" ausdrücklich hervor, indem er erklärt, daß alle musisch-künstlerischen Fähigkeiten und Aktivitäten unmittelbar mit dem Menschen konstitutiv zusammenhängen, daß sie also alle Bereiche der menschlichen Lebenswelt tangieren und beeinflussen.[50] Weiter unten werden wir noch genauer auf seine Erkenntnisse eingehen.

Daß Kandinsky sich dieser Möglichkeiten seiner künstlerischen Aktivitäten durchaus bewußt war, läßt sich hinreichend durch seine Schriften belegen. Aber ob er zuversichtlich in Bezug auf seinen Einfluß auf den Menschen und die Gesellschaft war, mag man bezweifeln. Auch ob er die dem Zeitgeist und der Konsumgesellschaft angepaßten Werke seiner Nachfolger noch verstehen und darin Geistiges erkennen könnte, bleibt zumindest fraglich. Würde er die Artefakte Lichtensteins, Warhols, Nitschs, Muehls oder Hirsts[51] überhaupt noch als

---

49 A.a.O., S. 134.
50 G. Frey: Anthropologie der Künste. Freiburg/München 1994.
51 Bezeichnend ist der folgende, von Kritikern zitierte Satz Damion

Kunst begreifen? Und fühlte er selbst sich als Künstler angesichts der auf totale Äußerlichkeit und Sensationen gerichteten Ausdrucksformen noch verstanden? Selbst Mark Rothko, einer der bedeutendsten Künstler des 20. Jahrhundert fühlte sich bekanntlich unverstanden und resignierte, weil ihm die Welt fremd geworden war und seine ethischen Vorstellungen keinen Widerhall fanden, was vermutlich auch seinen Freitod im Jahr 1970 mitbegründete.

Die abstrakte Kunst und ihre Bildsprache erschwert indes das Entschlüsseln und Verstehen des künstlerischen Anliegens, wenn nicht kunsthistorische oder vom Künstler dargelegte Interpretationen vorliegen, wie auch der bekannte Kunsthistoriker Hans Sedlmayr schon 1948 mit seinem Buch „Verlust der Mitte" bekräftigt und zugleich seine Ablehnung realitätsferner, abstrakter Darstellungen zum Ausdruck bringt. Sein Unverständnis basiert vor allem auf der Begründung, die Abstraktion sei von Beliebigkeit geprägt und ihr fehle ein überzeugendes Fundament, welches er in der kulturellen Tradition, vor allem auch im Religiösen vermutete. Daß diese Problematik in der Gegenwart durchaus wieder aktuell zu sein scheint, zeigt sich an dem großen Interesse, welches dem Künstler Neo Rauch entgegengebracht wird, der inzwischen als der „große" Metaphysiker gefeiert wird. Könnte es also sein, daß gerade dieses Bedürfnis nach metaphysischen Begründungen der Lebenswelt zuvor nicht explizit genug beachtet wurde? Kann es

Hirts: „Manchmal denke ich, daß ich nichts zu sagen habe".

ebenfalls sein, daß die materialistische und technologisch bestimmte Welt den Menschen nicht mehr genügt und sie nach Erklärungen ihrer eigenen Existenz und dem Sinn des Lebens an sich verlangen? Diesem Bedürfnis hat auch Kandinsky Rechnung getragen und mit seiner Kunst das Wesentliche des Menschlichen – das Geistige – bildnerisch darzustellen versucht, denn „Bilder sind Gegenstände der anschauenden Erkenntnis", wie der Philosoph Reinhard Brandt überzeugend darlegt.[52]

---

52 R. Brandt: Die Wirklichkeit des Bildes. Sehen und Erkennen – Vom Spiegel zum Kunstbild. München/Wien 1999.

III.
Paul Klee und das Schöpferische in der Kunst

Daß die Künste eine fundamentale Bedeutung für den Menschen haben, die auf den ersten Blick jedoch oft verborgen bleibt, ist keine neue, aber überzeugende Erkenntnis. Es darf also behauptet werden, daß es geradezu eine Notwendigkeit für die Existenz der Künste gibt, denn sie sind eng mit dem Denken und Empfinden des menschlichen Seins selbst verbunden. Die Kunst appelliert nicht nur an verschiedene Fähigkeiten und Kräfte im Menschen, sie wirkt auch auf die Lebenswelt ein, stabilisiert kulturelle Identität, fördert die Kommunikation und ebenso die kreativen Anlagen eines jeden. Zudem analysiert sie gesellschaftliche Zusammenhänge, um zugleich kritisches Denken anzuregen. Das künstlerische Anliegen bezieht sich dabei in recht unterschiedlicher Weise und Akzentuierung auf diese Momente und artikuliert jeweils eine andere Sicht auf Mensch und Gesellschaft, d.h., daß Weltanschauung und Menschenbild des Künstlers grundlegend für seine künstlerische Aussage und das Wirkpotential seines Werkes sind. Bei einigen Künstlern bestimmt die Sicht auf die Lebensverhältnisse der Gesellschaft ihr Schaffen, mit dem sie zu Veränderung inhumaner Zustände beitragen wollen, andere beziehen sich auf das Individuum selbst, bei dem sie Defizite seiner subjektiven Entwicklung vermuten. Wir haben es also mit zwei völlig verschiedenen Ansätzen der künstlerischen Aussage zu tun, denen jeweils unterschiedliche Akzente und Zielsetzungen zugrundeliegen.

Bei Paul Klee ist ein Schwerpunkt seiner Auseinandersetzung mit den Phänomenen der geistigen Welt das *Schöpferische* im Menschen, welches er für besonders bedeutsam inbezug auf die Entfaltung des menschlichen Wesens betrachtet. Und tatsächlich besitzt das Schöpferische hinsichtlich der psychischen und geistigen Entfaltung besondere Eigenschaften wie z.B. seine auf Zukunft gerichtete oder sogar seine lebenserhaltende Qualität, seine Aufgeschlossenheit gegenüber Neuem, sein Gestaltungswille usw., also ein grundsätzlich aktives Vermögen, welches zur Gestaltung eines gelungenen Lebens beiträgt. Man kann davon ausgehen, daß das Schöpferische auf endogene Kräfte im Menschen zurückzuführen ist (Klee bezeichnete diesen Prozeß im übrigen als „Bewegung aus dem eigenen Wesen heraus"), welche jedoch häufig durch äußere Einflüsse verschüttet sind, die schöpferisch-aktives Denken und Handeln verhindern. Im folgenden beschäftigen wir uns daher etwas eingehender mit der Kunsttheorie und dem Œuvre Paul Klees, in denen das Schöpferische eine maßgebende Rolle spielt.

1.

Der 1879 geborene Paul Klee – Lehrer am Bauhaus in Weimar und Dessau sowie an der Düsseldorfer Kunstakademie - war den Berichten zufolge eine musisch vielseitig interessierte Künstlerpersönlichkeit, die zugleich aus anderen Wissensbereichen sicherlich entscheidende Impulse für seine Malerei gewann. Denn ebenso galt sein Interesse der Physik, Biologie, Optik und sogar der Relativitätstheorie, die immer in Beziehung zu seinen künstlerischen Intentionen gesetzt wurden. Lyonel Feininger charakterisiert ihn als Menschen mit tiefer Weisheit und erstaunlichem Wissen, dem *„alle Erlebnisse der Sinne, des Auges und Ohrs, des Tastens und Schmeckens ewig fesselnd und neu waren. Ein reifer Mensch, der seinem klaren Verstand nicht erlaubte, die Kontrolle zu verlieren"*.[53]

Klee war zwar ein künstlerisch Schaffender, ein Multitalent im kulturellen Szenario, dem es ein Anliegen war, das in der Realität zu Erfahrende zu transzendieren, aber er war zugleich ein kritischer Beobachter dieser Realität und äußerte demzufolge sowohl in seinen Tagebüchern als auch in seinen Arbeiten dezidiert seine Ablehnung gegenüber der Beschränktheit der bourgeoisen Gesellschaft. Auch seine Karikaturen (z.B. die Radierung der „Komiker" von 1904) zeugen von dieser kritischen Haltung und seiner durchaus auch ironischen Weltanschauung, aber sie offenbaren darüber hinaus noch eine ganz andere Tendenz seiner Welthal-

---

[53] Zit. nach G. Regel: Das Phänomen Paul Klee. In: Paul Klee. Kunstlehre. Leipzig 1987, S. 5.

tung: Klee verspürte ein tiefes Bedürfnis, das Weltganze in seinem Zusammenhang zu erleben und künstlerisch zu artikulieren. Das bedeutet, daß er alle Facetten des Weltgeschehens in sein Denken aufnahm und verarbeitete, also auch das „Teuflische", wie er 1917 in seinem Tagebuch notierte. Nicht der Dualismus von Gut und Böse beschäftigte ihn, sondern die komplementäre Einheit aller Phänomene des Weltganzen, durch die dynamische Bewegung und Schaffenskraft erst entsteht. Er resigniert also keineswegs vor der Realität, sondern sucht mit scharfem Blick den Sinn eines komplementären Seinsganzen zu erfassen, in dem er ein Überdauerndes zu finden glaubt.[54] Aufgrund dieser komplexen Weltsicht versteht er die Vielschichtigkeit und Dynamik aller Erscheinungen und ist bemüht, ihre Gegensätze zu versöhnen und visuell durch „verinnerlichte Anschauung" zum Ausdruck zu bringen wie er dies in der polyphonen Musik Bachs und Mozarts früh erkannte.

Mit der Musik scheint das Werk Klees besonders verbunden, denn es vermittelt den Eindruck, daß er das Akustische im Visuellen zum Ausdruck bringen wollte, so daß man sagen könnte, daß er ganz bewußt ein Medium in ein anderes transponierte, wie eine Tagebucheintragung auch bestätigt. Dieses Vorhaben läßt vermuten, daß der Künstler das Fundament aller geistigen Produkte in einer „kosmischen Sphäre" verankert sieht, die ein einziges Prinzip – das Schöpferisch-Geistige – zu arti-

---

54 Erstaunlich ist allerdings, daß die politischen Ereignisse des ersten Weltkriegs sein Innerstes nicht zu belasten schienen, wie er 1915 in seinem Tagebuch vermerkt.

kulieren vermag. Und dieses Prinzip findet man immer wieder in der Vielfalt seiner Form- und Farbgestaltung bzw. einer individuellen Bildsprache, die den Betrachter in eine imaginäre, aber dennoch erfahrbare Welt versetzen kann, welche vom Sinn der Existenz, dem Leben und Werden zeugen soll. In seiner „Schöpferischen Konfession"[55] erläutert Klee seine Gestaltungsabsichten, deren wohl bekannteste und aufschlußreichste Bemerkung die folgende ist: *„Kunst gibt nicht das Sichtbare wieder, sondern macht sichtbar"*. Mit dieser Aussage bekräftigt der Künstler seine ganz spezifische Weise, die Dinge der Wirklichkeit bildnerisch darzustellen: es geht ihm nicht um ein Abbild dieser Wirklichkeit, sondern um ihr *Wesen*. Denn nur darin erkennt er eine objektive und das Vergängliche transzendierende Wahrheit. Die Erfahrung und Erkenntnis einer anderen als der faktischen Welt beschäftigt ihn mithin in besonderem Maße, und in allen seinen Werken und Schriften thematisiert er diese Zielsetzung. Ruhe und Bewegung als Kriterium der Kunst entspricht seiner Auffassung nach dem Schöpfungsakt, denn „die Kunst verhält sich zur Schöpfung gleichnisartig", und hinter der Vieldeutigkeit der Phänomene steht *„ein letztes Geheimnis"*, welches der Verstand allein nicht erkennen kann, denn *„das Licht des Intellekts erlischt kläglich"*.[56]

Klees Weltbild dokumentiert auf diesem Hintergrund nicht nur ein philosophisches (metaphysisches)

---

55 Berlin 1920.
56 Klee: Schöpferische Konfession. In: Paul Klee Kunstlehre: Leipzig 1991, S. 65.

Fundament seines Schaffens, sondern reicht ebenso in die Ethik hinein. Dieses Prinzip der Übereinstimmung der künstlerischen Bildsprache mit seiner Weltanschauung bestätigt er in späteren Schriften mit den folgenden Worten: *„Das Formale muß mit der Weltanschauung verschmelzen"*, damit es glaubhaft und überzeugend ist.[57]

Klees metaphysische Weltanschauung hat offenbar dazu geführt, hinter dem Sichtbaren das Absolute der Dinge und nicht den bloßen, irdischen Schein erkennen zu wollen, wie auch der Philosoph Karl Albert betont. Er habe sich in einer geistigen Verfassung befunden, in der die Vielheit der einzelnen Dinge an Bedeutung verloren habe, so daß er sein Augenmerk auf eine andere und tiefere Wahrheit lenken konnte, wie dies u.a. bei Cézanne, Marc und Mondrian, aber auch bei verschiedenen Bildhauern dieser Zeit festzustellen sei.[58]

Klee verstand sich anfangs während seiner Suche nach adäquaten Bildmitteln zunächst als Zeichner, aber offenbar fehlte ihm ein entscheidendes Element seiner Bildsprache, um Emotionalität und Rationalität (als Fundament des menschlichen Wesens) verbinden zu können. Erst während seiner im Jahr 1914 mit den Freunden August Macke und Louis Moilliet unternommenen Reise nach Tunis entdeckte er die Farbe als wesentliches und noch fehlendes Moment seiner künst-

---

57 Vgl. meinen Aufsatz „Die Weltanschauungen in der Kunst". In: Zeitschrift für Ästhetik und allgemeine Kunstwissenschaft. Bd. 40/2 (1995), S. 187-198.
58 K. Albert: Philosophie der modernen Kunst. Sankt Augustin 1984, S. 21ff.

lerischen Aussage, eine Erkenntnis, die nicht nur als Durchbruch seines Schaffens bezeichnet wird, sondern die seinen Kompositionen die von ihm erhoffte wirkliche Tiefe verleihen konnte. Auf diese bedeutende Phase seines Schaffens gehen wir im folgenden etwas genauer ein.

2.

Seine neue und intensive Beziehung zur Farbe beschreibt Klee bei seinem Besuch in der alten Stadt Kairouan in Tunesien mit den sein weiteres Schaffen charakterisierenden Worten in seinem Tagebuch folgendermaßen: *„Die Farbe hat mich. Ich brauche nicht nach ihr zu haschen. Sie hat mich für immer, ich weiß das. Das ist der glücklichen Stunde Sinn: ich und die Farbe sind eins. Ich bin Maler"*.[59]

Wer die Landschaft und die Farben der für den Europäer fremden nordafrikanischen Landschaft einmal kennengelernt hat, der kann sich ihres überwältigenden Eindrucks kaum erwehren. Auch Klee konnte sich dieses Eindrucks wohl kaum entziehen, wie seine geradezu mystische Erfahrung belegt, vermittelte sie ihm doch ein emotionales und tiefes Erlebnis, welches ihm bis dahin unbekannt war. Mit keiner mentalen Anstrengung war es ihm bisher gelungen, diesen für ihn so wesentlichen Schritt zu einer neuen Weise bildnerisch-schöpferischen

---

59 Klee: Tagebücher. Leipzig/Weimar 1980, S. 255.

Gestaltens zu erreichen, obwohl er sich intensiv mit der Farbgestaltung anderer Künstler auseinandergesetzt hatte. Hier in Tunis versagte die Rationalität, und völlig andere Beweggründe versetzten ihn in diese „eigen"-artige, verinnerlichte Stimmung, nun mit der Farbe eins zu sein: er fand seinen Stil und damit Möglichkeiten, sein Selbst- und Weltverhältnis künstlerisch eindrucksvoll zu formulieren.

In Tunesien ging Klee zwar vom Naturvorbild aus, aber er zerlegte es in gewisser Weise in geometrische Formen und füllte sie mit Farbflecken, um eine neue abstrakte Bildarchitektur zu erreichen und auch um der Farbe eine emotionale Wirkung zu verleihen (z.B. im Aquarell „Hammamet"). Form, Farbe und Inhalt sollten sich auf diese Weise durchdringen und das wirkliche Wesen des Gemalten verdeutlichen. Da nicht nur die Farbe einen derart nachhaltigen Eindruck auf Klee gemacht haben wird, kann ihre dort erfahrene Intensität kaum allein Grund für seine euphorische Stimmung gewesen sein. Es ist vielmehr das Zusammenwirken der besonderen Lichtverhältnisse in diesem nordafrikanischen und fremdartigen Land mit den vielfältigen Eindrücken, denen er sich dort gegenübersah. Gerüche, Geräusche, das lebendige Treiben in den Straßen verstärkten die sinnliche Wahrnehmung und sensibilisierten für das Besondere eines bislang unbekannten Lebens.[60]

60 Daß das Fremde und das Eintauchen in eine unbekannte Welt auf ihn berauschend und verwirrend wirkt, beschreibt Klee vor allem in seinen Aufzeichnungen über die Tunisreise. In: Die Tunisreise. Klee – Macke – Moilliet. Hg. von E.-G. Güse, Stuttgart 1982, S. 46.

Es sind verwirrende Eindrücke und Erfahrungen, die auf ihn eindringen und sich von zuvor Erlebtem deutlich unterscheiden. Nicht das bloß Sichtbare wollte er aber wiedergeben, sondern – wie er vielfach betont – etwas Verborgenes sichtbar machen. Hinter seinem künstlerischen Anspruch steht mithin sein philosophisches Anliegen, welches seine Kunst prägt und ihr dieses Besondere verleiht. Es ist das Verinnerlichte und in die Tiefe aller Phänomene reichende Interesse des Künstlers, der die inneren Zusammenhänge des Kosmos verstehen und mit seiner Bildsprache darstellen will.

Diese Auffassung von Kunst wird bei Klee immer begleitet von der Festlegung auf das *Schöpferische*, welches er sowohl in der Natur als auch im Menschen verankert sieht. So bleibt für ihn die Zwiesprache mit der Natur grundlegend für seine bildnerische Aussage, insofern das Werden und Wachsen und deren vielschichtige Facetten ihn erst die alles fundierenden Zusammenhänge und Geheimnisse des Weltgeschehens erfahren lassen. Aufgrund dieser Bestimmung seines Denkens und Schaffens wird auch seine Aussage verständlich, wenn es heißt, daß das Formale mit der Weltanschauung verschmelzen muß, wenn das künstlerisch Geschaffene überzeugend sein will. Nicht der Verstand allein ist für Klee das Ausschlaggebende jeden schöpferischen Aktes, sondern vielmehr die *Intuition* als empathische Weise, in die Tiefe der Phänomene einzudringen, wie auch sein Werk „Grenzen des Verstandes" (1927) nahelegt. Und immer ist Klee von dem Gedanken geleitet, dieses Äußerliche, Irdische und damit Einschränkende zu überwinden, um in eine geistige Sphäre vordringen zu können, die seiner Auffassung nach dem wahren Wesen des Menschen entspricht. In einer Tagebuchaufzeichnung von 1916 charakterisiert er diese Auffassung mit den Worten, daß der Erdgedanke vor dem Weltgedanken zurücktrete, eine Bemerkung, die den Sinnzusammenhang seines gesamten Œuvres prägnant beschreibt.

Daß die Tunisreise eine besondere Auswirkung auf das Leben, Denken und Schaffen des Künstlers besessen haben muß, bestätigen nicht nur Interpreten seines Werkes, sondern Paul Klee selbst in vielen seiner Notizen und ausführlichen Aufzeichnungen. Seine Sensibilität, seine Aufgeschlossenheit und Unvoreingenommenheit allem Fremden gegenüber, verbunden mit seinem Sinn für das Spezifische einer jeden Erscheinung, dienten tatsächlich auch seinem inneren Reifen und Wachsen, ein Prozeß, den er augenscheinlich auch von seinen Mitmenschen, ja sogar von der Gesellschaft schlechthin erhoffte. Insofern schlägt sich diese Erkenntnis sicherlich auch in seinen künstlerischen und pädagogischen Schriften nieder. Ihm geht es nie nur um technische Perfektion in der Malerei, sondern vielmehr um die sinngetragene Aussage, die die Kunst bestimmt und ihre Wirkung trägt.

Die tunesische Lebenswirklichkeit mit ihren vielfältigen Eindrücken und der Kontrast zur europäischen Welt haben offensichtlich nicht nur die künstlerische Gestaltung Klees stark beeinflußt, sondern auch seine Sicht auf die Welt im allgemeinen. Für seine Kompositionen war vermutlich sein Erlebnis in der im Islam heiligen Stadt Kairouan von größter Bedeutung, insofern er dort eine völlig andere künstlerische Ausdrucksform kennenlernen konnte: die Ornamentstrukturen der heiligen Bauten, den Verzicht auf die menschliche Gestaltung und auch den Verzicht auf die perspektivische Form. Insofern sind seine Erfahrungen des Orients für seine künstlerische und auch individuelle Fortentwicklung grundlegend. Bemerkenswert ist auch, daß Klee die Farbskala der Braun- und Rottöne sehr häufig verwendete, die Farben der Wüste, der Lehmziegel, der Sonne oder der Wüste (z.B. „Kairouan, 1914, „Tempel", 1921, „Arabische Stadt", 1922, aber auch in vielen Werken ohne Titel, 1914).

Der islamische Orient besaß zwar für viele Künstler des 19. und des beginnenden 20. Jahrhunderts eine besondere Anziehungskraft, wie in der Literatur hinreichend erörtert wurde, für Klee scheint aber die Begegnung mit dem Fremden – vielleicht beeinflußt durch seinen Freund Moilliet, der schon zuvor in Tunesien gewesen ist - sehr viel mehr zu bedeuten als die Suche nach neuen Ausdrucks- oder Gestaltungsformen. Es scheint so, als sei sein innerstes Empfinden erstmals in einer Weise von dem Erlebten affiziert, daß es ihm gelang, sich von dem „Erdgedanken" zu distanzieren und sich dem „Weltgedanken" zuzuwenden. Und so fühlte er sich den Berichten zufolge auch von religiösen Motiven angezogen, die letztlich sogar in seiner Malerei symbolhaft häufig auftauchten. Er schuf sehr eigene kosmische Formen und Gebilde, die immer auch ein Geheimnis zu bergen schienen und bei intensiver Auseinandersetzung mit ihnen zu vielfältigen Deutungen anregten. Sie sind Ausdruck seiner inneren Haltung und Bewegtheit und spiegeln letztlich seine Absicht wider, das Hintergründige zu offenbaren. Seine Beziehung zur Natur war einerseits wohl distanziert (er wollte sie keineswegs bildnerisch imitieren), andererseits galt sie ihm aber als unentbehrliches Vorbild für Werden und Vergehen und für die Strukturen der Schöpfung, wie er als Bauhaus-Lehrer seinen Schülern immer wieder erklärte. Jedes optische Erlebnis in der Natur und auch der Architektur, welche ihn innerlich tief berührten, ließ ihn gleichzeitig Bildnerisches imaginieren, wie seine verschiedenen Orientreisen bezeugen.

Klees Bilder sind zunächst hintergründig und vieldeutig, sie verlieren im Laufe seines Schaffens aber immer mehr den Charakter einer Allegorie, sondern verweisen auf eine andere, zu deutende Wirklichkeit, die das bloß Sichtbare transzendiert (diese Bilder nennt Klee im übrigen nicht 'abstrakt', sondern 'absolut'). An die Kunst stellte Klee aufgrund seines spezifischen philosophischen Weltbildes mithin hohe Ansprüche, die er seinen Schülern zu erklären gedachte: die Kunst sollte die Menschen aus der Begrenztheit der sie einengenden Realität befreien und ihnen eine neue Dimension ihres Seins offenbaren, indem sie sich schöpferisch-geistig engagieren. Mit dieser Vorstellung erweist sich Klee als Pädagoge, dessen Absicht es ist, auf Menschen einzuwirken und auf neue Perspektiven des Seins aufmerksam zu machen. Auf diese anthropologische Dimension künstlerischen Schaffens gehen wir im folgenden etwas genauer ein.

3.

Das *Schöpferische* ist für Paul Klee ein maßgebendes Moment seines Denkens und Schaffens, und es steht seiner Auffassung nach in einem engen Zusammenhang mit dem *Sinn* aller geistigen Tätigkeiten. Keineswegs ist das Schöpferische zu verstehen als bloßer Aktivismus, es bezeichnet vielmehr eine aus dem Inneren geborene Kraft, die sinnvolles Handeln prägt. Für Klee selbst ist das Schöpferische der eigentliche Antrieb, die Komplexität des Wahrgenommenen zu erfahren und zu verarbeiten, um daraus neue geistige und gestalterische Impulse zu gewinnen. Das bedeutet zugleich, Gewohntes kritisch zu betrachten und auch zu verändern. Diese Auffassung bezieht der Künstler jedoch nicht nur auf die Kunst, sondern auch auf die „bourgeoise" Gesellschaft und ihre eingefahrenen Denk- und Verhaltensmuster, die er aufzubrechen gedenkt.

Das Schöpferische widerspricht einer jeden Form rigiden Denkens und Handelns, und es ist grundlegend für den Künstler, aber auch für jeden geistigen Menschen, wie Klee immer wieder betont. Auf diesem Hintergrund ist auch die anthropologische Bedeutung der Kunst zu verstehen, deren Fundament für ihn zweifellos im Philosophischen zu suchen ist.

Daß die Kunst einen maßgeblichen Einfluß auf den Menschen haben kann, betont der Philosoph und Wissenschaftstheoretiker Gerhard Frey mit den bereits erwähnten Bemerkungen folgendermaßen: seiner Auffassung nach hängen musische Tätigkeiten unmittelbar mit dem Menschsein zusammen, denn die Künste haben Funktionen, ohne die Menschsein nicht möglich ist. Kunst sei folglich eine „anthropologische Kategorie".[61] Er begründete seine These damit, daß Kunst „spezielle Bewußtseinsformen ausdrücken" könne, daß sie „Selbstbewußtsein und Selbstidentität" sowie „Abgrenzungsfunktionen" fördere.[62] Grundsätzlich – so meint Frey – sind Künste die eigentlichen Träger eines spezifischen Lebens- und Selbstgefühls. Daraus folgt, daß der Mensch als kulturelles Wesen Einfluß auf seine Lebenswelt gewinnen kann, indem er reflektiert und sinnvoll handelt. Dazu müssen wir „schöpferisch" sein, wie Frey analog zu Paul Klees Vorstellung argumentiert, und das bedeutet auch, Künstler gestalten die „Lebenswelt ihrer Zeit und ihrer Umgebung, indem sie Zeitprobleme aufzeigen, an die Zeitgenossen appellieren und durch spezifische Darstellungsformen Neues zu Bewußtsein bringen". Kunst dient mithin einem „Erkenntnisprozeß", der inneres und äußeres Leben zu gestalten vermag.[63]

61   G. Frey: Anthropologie der Künste. Freiburg/München 1994, insbes. S. 323ff.
62   Ebd., S. 327f.
63   Ebd., S. 336ff.

Während weiter unten noch vertieft auf die anthropologische Funktion der Kunst eingegangen wird, kehren wir zurück zu Paul Klee und seinen künstlerischen Absichten bzw. zu seiner Kunst-Lehre, die neben seinem Œuvre eine große Bedeutung in seinem Schaffen besitzt. Der Künstler selbst hat in zahlreichen Aufsätzen, Vorträgen und ausführlichen Stellungnahmen seine Aufgabe als Künstler und Lehrer beschrieben, auf die wir im Blick auf unsere Thematik eingehen werden.

Nicht nur die faszinierende Persönlichkeit und sein pädagogisches Talent habe den Lehrerfolg Klees begründet, sondern vielmehr „der Sinngehalt, der Gedankenreichtum und die zwingende innere Logik des Inhalts seiner Lehre selbst", meint Günther Regel, der sich intensiv mit der Kunst Klees auseinandergesetzt hat.[64] Klees Lehre bezog sich indes nicht nur auf die Gestaltung – etwa auf die für ihn so wesentliche Form[65] oder später die Farbe -, sie *„zielt vielmehr immer sogleich auf Realisierung des Weltverhältnisses, das aber eben in der Begegnung mit der Natur vertieft, bereichert und gesteigert werden soll"*.[66]

Klee habe die Dinge in ihrer Einheit von Wesen und Erscheinung erfahren wollen, ihre „seelische Ganzheit und ihren geistigen Gehalt", wie er selbst schreibt. Dieser Aspekt bestimmt nun auch sein künstlerisch-

---

64 G. Regel: Der Maler und Kunsttheoretiker Paul Klee als Lehrer. In: Paul Klee: Kunst-Lehre. Leipzig 1991, S. 315.
65 Die "Beiträge zur bildnerischen Formlehre" gelten als sein pädagogisches Hauptwerk.
66 G. Regel, ebd., S. 324.

pädagogisches Wirken. Er will seine Schüler zu einer vertieften Sicht auf alle Phänomene aufmerksam machen, so daß sie in die Lage versetzt werden, Wesentliches von Unwesentlichem zu unterscheiden. Sicherlich wird durch die Erkenntnis einer solch spezifischen Sichtweise auf die Dinge nicht allein das künstlerische Schaffen wesentlich geprägt, es wird zugleich die Lebenseinstellung und Weltanschauung grundsätzlich in eine andere Richtung gelenkt und verändert. Klee begnügte sich also in seiner Lehre nicht mit der künstlerischen Praxis, denn *„er wollte Einfluß nehmen auch auf die Vertiefung des inhaltlichen Anliegens seiner Schüler selbst. Deshalb mündete alles das ein gleichsam in ein Philosophieren über die Begegnung des Menschen mit der Welt, das nach dem Sinn der Auseinandersetzung des Künstlers mit dem Sichtbaren fragte und auf Sinngebung zielte"*.[67]

Klee habe sich ein Universum der Spiritualität in einer „zerfallenen Zeit" geschaffen und dabei die Suche nach den ersten und letzten Dingen nie aufgegeben. Seine Bildwelten seien daher analog zur Schöpfung zu verstehen, wie der Künstler in den „Schöpferischen Konfessionen" selbst betonte.[68] Mit dieser metaphysischen Grundlegung seines künstlerischen Anliegens ist sicherlich ein idealistisches Weltbild verbunden, welches bei wenigen Künstlern so dezidiert und konsequent artikuliert wurde und nicht nur zu Lebzeiten des Künstlers

---

67 G. Regel: Der Maler und Kunsttheoretiker Paul Klee als Lehrer, ebd., S. 332.
68 P.- K. Schuster: Das Universum Klee. In: Das Universum Klee,. Ostfildern 2008, S. 8, 15.

als anachronistisch bezeichnet werden mußte. Aber Klee sucht nach dem Sinn der Kunst, den er primär in der geistigen Welt zu finden glaubt. Er hatte sich in gewisser Weise von einem Diesseits verabschiedet, in dem der Mensch seiner Auffassung nach nicht mehr seinem wahren Wesen entsprach.[69] Diese innere Überzeugung prägt folglich seine Bilder, die auf eine andere Welt, eine andere Existenz verweisen, ohne daß er dabei auf seine kritische Sicht auf die Lebenswelt verzichtet hätte.

Das Nachdenken über die Wirklichkeit als wesentliches Motiv seiner künstlerischen Arbeit hielt Klee nicht nur für Künstler für unabdingbar, er wollte dieses kritische Reflektieren ebenso in seinen Schülern und den Betrachtern seiner Werke mit ihren vielfältigen Bedeutungshorizonten wachrufen. Für ihn war Kunst mehr als nur ein bloß visuelles Erlebnis, sie war Fundament einer tiefergehenden Erkenntnis.

---

69 „Diesseitig bin ich gar nicht faßbar", habe er 1920 anläßlich einer Münchener Ausstellung im Vorwort des Katalog notiert. Vgl. P.-K. Schuster: Die Welt als Fragment. Bausteine zum Universum Klee. Ebd., S. 16.

IV.
Zur anthropologischen Dimension der Kunst

Am Beispiel der Künstler Kandinsky und Klee wurde versucht zu zeigen, welche Beziehung die Kunst zum Menschen haben kann und welche Bedeutung sie für seine geistige Entfaltung besitzt.[70] Nicht alle Künstler haben so dezidiert auf diesen inneren Zusammenhang – verbal oder durch ihre Kunst – hingewiesen, aber der Bezug zum Leben, zu den allgemein-menschlichen Belangen und selbst zum Wesen aller Erscheinungen hat natürlich die großen Künstler früherer Epochen ebenso beschäftigt wie dies bei den hier behandelten Künstlern der klassischen Moderne der Fall ist. Allerdings stellt sich die eigenwillige Bildsprache der Abstraktion[71] für den Rezipienten zunächst immer als Problem hinsichtlich seines Verstehens dar, so daß er ohne fundierte kunsthistorische Kenntnisse in der Regel auf Interpretationen

---

70 Sowohl Klee als auch Kandinsky haben als Lehrer am Bauhaus in Weimar und Dessau gewirkt und die Kunst als gesellschaftliche Aufgabe betrachtet, stellten sich allerdings ebenso wie Gropius und andere nicht dem patriarchalisch bestimmten Zeitgeist entgegen, so daß die wenigen zugelassenen Künstlerinnen trotz ihrer großen Begabung dort kaum die ihnen gebührende Anerkennung und Unterstützung erhielten.

71 In seinen „Beiträgen zur bildnerischen Formlehre" hat Klee sich jedoch ausführlich zu seinen kunst- und gestaltungstheoretischen Vorstellungen geäußert.

der Künstler selbst oder von Kunsthistorikern angewiesen ist.

Dagegen erkennt der Betrachter in der Begegnung mit der Kunst früherer Epochen Vertrautes, welches allerdings auch erst durch intensive Auseinandersetzung entschlüsselt werden kann. Dieses vordergründig Vertraute birgt in der Tat ebenfalls seine Geheimnisse - das hinter dem Sichtbaren Verborgene - durch welches der Künstler seine Weltanschauung und auch das Allgemein-Menschliche als Prinzip darstellen will.[72] Es ist indes mit den Bildmitteln der jeweiligen Zeit formuliert, beruht auf wiedererkennbaren Fakten und erleichtert mithin einen ersten eigenständigen Zugang zum Werk. Festzuhalten bleibt indes, daß die Kunst grundsätzlich zu den Existentialien des Daseins gehört und die geistige Verfaßtheit von Mensch und Gesellschaft widerspiegelt.

1.

Richten wir einmal den Blick auf Rembrandt, von dem der Lebensphilosoph und Soziologe Georg Simmel sagt, er habe das Leben als absolute Kontinuität begriffen und im Bildnerischen zum Ausdruck gebracht. In diesem Zusammenhang macht Simmel ferner eine nicht unwesentliche Unterscheidung zwischen dem Schöpferischen und dem Gestalterischen. Während das Schöp-

---

72 Vgl. auch meine Schrift "Weltanschauung und Menschenbild in der Kunst der Gegenwart. 2. Aufl. Norderstedt 2015. EA Frankfurt 1998.

ferische Stoffe und Formen aus der Seinstotalität hervorbringe – und zwar als Entsprechung zum Leben selbst –, so entwickele sich das Gestalterische formend aus der vorhandenen Gegebenheit.[73] Es wird also kaum in der Lage sein, das Faktische zu transzendieren, um eine weitere Bewußtseinsebene erreichen zu können.

Durch die Betonung der Lebensbedeutung der Kunst verlagert Simmel das Verstehen des Betrachters in die unmittelbare Anschauung, was bedeutet, daß der Betrachter nicht nur das Individuelle des im Bild Erfahrbaren wahrnimmt, sondern auch eine im Werden mitwirkende Einheit verschiedener Phasen des Seienden.[74]

Viele Werke Rembrandts, besonders aber einige Porträts – wie z.B. die „Alte Frau, lesend" (um 1654) oder „Alter Mann im Lehnstuhl" (um 1652) – verkörpern eine spezifische Weise der menschlichen Existenz, die weit über das bloß Sichtbare hinausgeht. Die brillante und einfühlsame Darstellung der Details (des Gesichtsausdrucks, der Hände, der das Wesentliche hervorhebenden Lichteinwirkung usw.) ermöglichen dem Betrachter einen tiefen Einblick in das Wesen des Menschen und seine Existenz, dessen Aktualität das gesamte Œuvre Rembrandts kennzeichnet. Indem die Lebensprozesse als Ausdruck des Seelischen sichtbar gemacht werden, zeigt sich im Individuellen des Dargestellten zugleich auch

---

73 G. Simmel: Rembrandt. Ein kunstphilosophischer Versuch. München 1985. EA Leipzig 1916, Ferner: ders.: Rembrandt-Studien. Neu aufgelegt Darmstadt 1953. EA 1914.

74 Vgl. auch meinen Aufsatz: Das Rembrandt-Bild bei G. Simmel. In: Zeitschrift für Ästhetik und allgemeine Kunstwissenschaft. Band 33/2 (1988), S. 259-269.

ein Übergreifendes. Besonders in der späten Schaffensperiode Rembrandts erkennt Simmel eine Weise der Individualität, die jede spezifische Qualität überwunden hat. Es sei eine „neue Atmosphäre ihres sozusagen absoluten Lebens" entstanden.[75] Damit hat der Künstler die Darstellung des begrenzten Lebens transzendiert, und diese gleichsam „höhere" Individualität ist nicht mehr als Typisierung im klassischen Sinne zu verstehen. Nicht die einem Wesen inhärenten äußeren Qualitäten spielen nunmehr eine Rolle, sondern die seelischen, allgemeingültigen und zeitübergreifenden, die – anthropologisch gedeutet – jedem Betrachter menschliches Werden und Vergehen offenbaren. Mit dieser Akzentuierung seiner Kunstintention sei in Rembrandts Alterswerk „ein Hinabtauchen in die Tiefe alles Weltwesens" zu erkennen, indem er „die letzten Wesentlichkeiten jener dargestellten objektiven Existenzen" in den Blick rückt.[76] Die Kunst im Sinne Simmels reproduziert folglich keine äußere Wirklichkeit, es ist vielmehr Ausdruck eines Lebens, welches sich auf einer anderen Wirklichkeitsebene befindet als es die empirische Wirklichkeit außerhalb ihrer ist. Mit dieser Interpretation ergibt sich vermutlich auch eine Parallele zu der Kunstintention Klees, der nicht ein Sichtbares in seiner Vielfalt abbilden will, sondern im Sichtbaren die Einheit von Seiendem und Sein.

75 G. Simmel: Rembrandt, ebd., S. 115ff.
76 Ebd., S. 124. Daß Simmel als Lebensphilosoph sich mit dieser Deutung im Bereich der Metaphysik bewegt, hat Karl Albert ausführlich erörtert (Lebensphilosophie. Von den Anfängen bei Nietzsche bis zu ihrer Kritik bei Lukács. Neu hgg. von E. Jain. Freiburg/München 2017, S. 94-102. EA 1995).

Wenn man nun über die anthropologische Dimension der Kunst handelt, so geht es primär um die *Wirkung*, die die Kunst auf den Menschen auszuüben vermag. Es geht also um die Frage, ob der Rezipient in irgendeiner Weise einen Einfluß auf sein Bewußtsein, sein Denken und seine Empfindungen erfährt und ob eine dadurch erfolgte Veränderung sein Lebens selbst intensiv tangiert. Ein derartiger Einfluß der Kunst auf das Bewußtsein des Menschen wird jedoch nur erfolgen, wenn er gewisse Voraussetzungen bereits erfüllt: Offenheit und Empathie, Interesse an geistig-kulturellen Ereignissen usw. Ganz gewiß reicht es nicht, wenn ein Konzert oder eine spektakuläre Ausstellung allein aufgrund des sozialen Status besucht wird, wie das nicht selten geschieht. Eine gewisse Vertrautheit in der Begegnung mit kulturellen Gütern ist insofern eine Voraussetzung, d.h. schon in der Jugend muß der Grund durch Elternhaus oder Bildungsinstitutionen angelegt sein, damit ein Hineinwachsen in die geistige Welt überhaupt möglich wird. Eine solche „Vertrautheit" mit den Errungenschaften der geistigen Welt kann mit dem von O.F. Bollnow und auf E. Spranger zurückgehenden pädagogischen Prinzip der „Erweckung" (d.h. „Innerlichkeit erwecken") erreicht werden. Damit ist ein Sich-Öffnen für geistige Gehalte gemeint, „durch die der Mensch erst seine eigentliche Bestimmung als Mensch 'ergreift'".[77] Erwek-

---

77 O.F. Bollnow: Existenzphilosophie und Pädagogik. Stuttgart 1959, S. 42ff. Im Rekurs auf Sokrates und dessen Maieutik (als Prinzip des Erkenntnisgewinns) hat Eduard Spranger die pädagogische „Erweckung" als Weg zum höheren Selbst in die pädagogische Diskussion

kung bedeutet dann auch, daß etwas Verborgenes im menschlichen Wesen vorhanden sein muß, welches ans Licht gehoben werden kann. Findet ein erzieherischer Vorgang in diesem Sinne aber nicht frühzeitig statt, so besteht die Gefahr, daß der Mensch das zunächst Fremde und zuweilen Unverstandene der geistigen Welt nicht überwinden kann. Sein Denken und Handeln, seine Selbst- und Weltsicht wird vermutlich von der Massenkultur in einer Weise eingenommen, daß der Zugang zur geistigen Welt dauerhaft versperrt bleibt.

2.

Die anthropologische Dimension der Kunst liegt von daher maßgeblich in der ästhetischen Erfahrung, durch die die menschliche Existenz in einer kultivierten Lebenswelt erst ermöglicht wird. Diese in unserem Gedankengang wichtige These kennzeichnet zwar nur einen Aspekt und die Zielsetzung des künstlerischen Schaffens, aber er steht in einem engen Zusammenhang mit dem *Sinn der Kunst*, welche letztlich für sich in Anspruch nimmt, eine bedeutende Rolle im gesellschaftlichen Leben zu spielen. Kunst ist nicht nur ein fundamentales Medium zur Kultivierung der Lebenswelt und einer gelungenen Lebensführung, sie hat tatsächlich auch einen erheblichen Anteil an der Entfaltung des menschlichen Wesens, wie weiter oben schon ausgebracht.

geführt wurde. Daß visuelle Erscheinungen die Wahrnehmung schärfen können oder daß bestimmte Inhalte des ästhetischen Objekts Assoziationen hervorrufen, die die eigenen Vorstellungen konterkarieren oder erweitern, ist eine Tatsache, die in den Wissenschaften bereits ausführlich untersucht und bestätigt worden ist.[78] Die Begegnung mit Kunst wird dann zu einem bleibenden Erlebnis, wenn eine Empfindung entsteht, in der etwas „zum Mitschwingen kommt", wenn etwas im menschlichen Bewußtsein evoziert wird, was das Innere des Menschen betrifft. Die Resonanz zwischen dem Künstler und dem Rezipienten ist jedoch ausschlaggebend für ein solches 'Mitschwingen', denn dessen Wirkung wird beeinträchtigt, „je spezieller die eigene Erlebnisgrundlage" des Künstlers ist, d.h. je weiter er sich vom Allgemeinmenschlichen, vom Wesen der Dinge entfernt.[79] Die dem Kunstwerk immanente Botschaft bliebe mithin unverstanden.

Die Begegnung mit einem Kunstwerk beginnt zunächst mit einer rein subjektiven Wahrnehmung des Gesehenen oder Gehörten. In dieser Phase sind die bereits erläuterten Fähigkeiten (Empathie, Interesse, Aufmerksamkeit, selektive Wahrnehmung, antizipierendes Bewußtsein usw.) wesentlich. Ein wichtiges Moment

---

78 Vgl. auch G. Frey: Anthropologie der Künste/Freiburg/München 1994, bes. S. 96 ff. Frey beschreibt hier die emotionale Wirkung, die von Farben und Tönen ausgeht.

79 Ebd., S. 109f. Frey bestreitet allerdings aufgrund der Veränderung der Lebenswelt die überzeitliche und allgemeingültige Wesenheit und Bedeutung der Künste, übersieht jedoch die Objektivität der künstlerischen Aussage, die ihre Gültigkeit behält.

in der Begegnung mit Kunstwerken ist aber ein weiteres: das *Staunen*, welches als grundsätzlich philosophische Kategorie und Stimulus eines Denkprozesses einen Erkenntnisvorgang einleitet.[80] Das Staunen als erschliessende Kraft und existentielle Form des Bewußtseins ist von daher auch für die ästhetische Erfahrung bzw. das Verstehen fundamental, insofern die Zuwendung zu einem Unbekannten, Irritierenden und Unerwarteten intensiviert wird. Verschiedene Facetten enthält das Staunen, wenn es die Aufmerksamkeit des Betrachters durchdringt: Faszination, Bewunderung, Neugier, Angst usw. Immer geht es zunächst um Unerklärliches und dem Verstand nicht sofort Zugängliches. Staunen ist insofern eine Reaktion auf einen Zustand der Unwissenheit, den es durch ein „Sich-Hineinversetzen" zu überwinden gilt. In der „Kunst beleben sich Momente des Staunens aus dem Beziehungsgeflecht zwischen Innen und Außen, zwischen unsichtbarer und sichtbarer Dingwelt", die durch Reflexion erst zu erschließen sind.[81]

Um das Kunstwerk jedoch über das bloß Sichtbare hinaus wirklich verstehen zu können, also eine faktische Erkenntnis aus dem Gesehenen ziehen zu können, bedarf es außer der bloßen Perzeption einer inneren Ver-

---

80 Vgl. E. Jain/T. Trappe: Staunen. In : Historisches Wörterbuch der Philosophie. Bd. 10. Darmstadt 1998, Sp. 116-126. Vor allem Platon und Aristoteles haben das Staunen (thaumázein) als philosophische Kategorie inauguriert.

81 K. Loidl: Harte Einschnitte in den Sehnerv. In: Kunstforum Bd. 259 (2019), S. 150-157. Vgl. auch G. Pöltner zum Begriff des Staunens inbezug auf die ästhetische Erfahrung der Schönheit (Philosophische Ästhetik. Stuttgart 2008, S. 243-254).

arbeitung, in der die sinnliche Wahrnehmung, emotionales Empfindung und kritisches Denken zusammenwirken. Der Philosoph Gerhard Frey verweist auf drei Grundfragen, die die subjektive Perzeption zunächst leiten: „erstens, was es ist und was es bedeutet; zweitens, welchen Zweck es hat, und drittens, welchen Wert es für uns hat".[82] Mit diesen Fragen ist zwar ein erster Schritt zum Verständnis des Bedeutungsgehalts eines Werkes gemacht, er reicht aber noch nicht über die bloß sinnliche Wahrnehmung hinaus, um beispielsweise das hinter dem Sichtbaren Verborgene erkennen zu können. Dieses Verborgene enthält die eigentliche Mitteilung des Künstlers; sie erscheint oft vieldeutig und fordert den Betrachter dazu heraus, das bislang Subjektive durch objektive Aspekte zu ergänzen.

Um die Botschaft des Künstlers annähernd zu verstehen und zu interpretieren, wird häufig das von Wilhelm Dilthey im Anschluß an Schleiermachers Hermeneutik (Kunst des Auslegens) für die Geisteswissenschaften konzipierte Prinzip des „Sich-Hineinversetzens" in einen Sachverhalt diskutiert (als geistige Rekonstruktion des vom Künstler Intendierten). Vom Betrachter verlangt dieses Konzept, sich den Gedanken und Intentionen des Schaffenden soweit zu nähern, daß er über seine ersten subjektiven Erfahrungen hinaus tiefere Erkenntnisse über das ästhetische Objekt gewinnt. Schleiermacher soll inbezug auf die Sprachwissenschaft einmal gesagt haben, daß der Interpret den Künstler auf diese Weise

---

82 Ebd., S. 204.

besser verstehen könne als dieser sich selbst. Von daher betrachtet ist vermutlich auch die Bemerkung Freys zu deuten, daß jede Interpretation ein schöpferischer Prozeß sei, insofern ein enger Zusammenhang zwischen ästhetischer Schöpfung und ihrer Interpretation bestehe. Denn die schöpferische Phantasie des Rezipienten erwecke das Gelesene oder Gesehene zur „anschaulichen Vorstellung".[83] Die Assoziationsmöglichkeiten werden gleichwohl durch das Prinzip des „Sich-Hineinversetzens" in die Gedankenwelt des Künstlers eingeschränkt, dies führt aber gleichzeitig zu einer objektiveren und tieferen Erkenntnis des bislang nur subjektiv Erkannten. Daß auch diese Erkenntnis keine unumstößliche Wahrheit enthält, ist auf die Veränderung der Weltanschauung, des sozialen und kulturellen Wandels und der damit verbundenen jeweils neuen Sicht auf die Phänomene der Lebenswelt zu erklären, wobei auch der Kunstbegriff einer stetigen Veränderung unterliegt. Es gilt also, jede Interpretation eines Kunstwerks auch im Blick auf eine je neu zu erfahrende Wahrheit zu analysieren, wobei die Einstellung des Künstlers zu seiner Wirklichkeit durchaus im Gegensatz zu der des Betrachters stehen kann und von daher die Entschlüsselung des ästhetischen Objekts erschwert.[84]

83   Ebd., S. 223ff.
84   Der ursächlich aus der Metaphysik stammende Begriff der „Weltanschauung" wird auch in der neueren Kunstphilosophie recht unterschiedlich diskutiert. Vgl. u.a. H. Meyer: Geschichte der abendländischen Weltanschauung. 5 Bde. 1947-1949.; K. Jaspers: Psychologie der Weltanschauungen. Berlin/Heidelberg 1971; O. Bätschmann: Einführung in die kunstgeschichtliche Hermeneutik. Darmstadt

Die ästhetische Erfahrung als Resultat einer intensiven Begegnung mit Kunst dient der „ästhetischen Welterschließung", welche zu einem speziellen Weltverhältnis führt, wie Bernd Kleimann darlegt. In diesem „Weltverhältnis" offenbare sich die „Werthaftigkeit" der sinnlichen und geistigen Erfahrungen als Erkenntnispotential, in dem vor allem auch die ethische Dimension des Ästhetischen eine Rolle spielt. Wesentlich dabei ist die Akzeptanz des Fremden und Anderen, denn diese könnten nur im Bewußtsein ihrer Alterität angemessen erfahren werden. Auf diesem Hintergrund betrachtet, sind Kunstwerke „Zeichen, die eine erfüllte ästhetische Reflexion ermöglichen", und „das Telos ästhetischen Verhaltens" sei dann „erfüllte Erfahrung".[85] Durch die unabdingbare Verbindung von Sinnlichkeit und ästhetischer Rationalität und ihrer „kritisch-korrektiven Funktion" leuchtet auch Kleimanns Fazit ein, daß Subjektivität und Intersubjektivität Ziel der ästhetischen Erfahrung sind, insofern sie auch zu angemessener Interaktion beitragen können.

Das bedeutet schließlich, daß das Ästhetische als Erfahrungsmoment eine wichtige Funktion für die Handlungsspielräume des Menschen darstellt, sowohl für die Aktionen des alltäglichen Lebens als auch für deren moralische Grundlagen. Denn in der ästhetischen Erfahrung vollzieht sich ein Distanzierungsprozeß von

1988.
85   B. Kleimann: Das ästhetische Weltverhältnis. Eine Untersuchung zu den grundlegenden Dimensionen des Ästhetischen. München 2002, hier S. 11, 28,194ff.

den alltäglichen Belangen; sie offenbart dem Betrachter ferner andere, meist unbekannte Perspektiven auf die Welt, die insbesondere auch ethische Implikate betreffen.[86] Die Relevanz dieser Aspekte liege vor allem im Entwurfcharakter der ästhetisch wahrnehmbaren Verhaltensmuster und Intentionen eines Kunstwerkes, welches die Sinnstruktur der Welt und ihrer Gegebenheiten zum Ausdruck bringt.[87] Ob die Gegenwartskunst dieser Einschätzung und diesem Anspruch noch genügen kann, bleibt zumindest fraglich, wenn man einmal ihre totale Fixierung auf den Zeitgeist bedenkt. Denn es geht um Wahrhaftigkeit in der Kunst, was bedeutet, Kunst und moralischen Anspruch in Einklang zu bringen und gestalterisch zum Ausdruck zu bringen ohne den Zwängen ideologischer Vorgaben zu verfallen.

Unsere Gegenwart ist eine Zeit der visuellen Überflutung, und die Medien haben diese Tendenz noch gesteigert. Ob Bilder die Wirklichkeit tatsächlich noch adäquat abbilden oder den Betrachter bewußt täuschen oder manipulieren wollen, ist kaum noch festzustellen. So ist nicht nur fraglich, was wir sehen, zu sehen meinen oder gar nicht sehen, auch das Vertrauen in unsere Wahrnehmung scheint darausfolgend zu schwinden. Diese Unsicherheit bezieht sich in erster Linie auf die digitale Bildwelt, aber auch in der Kunst gehören bewußte Irritationen zum Stilmittel einiger Kunstrichtungen wie dem

---

[86] Vgl. M. Düwell: Ästhetische Erfahrung und Moral. Zur Bedeutung des Ästhetischen für die Handlungsspielräume des Menschen. Freiburg/München 1999, S. 124.
[87] Ebd., S. 249ff.

Surrealismus, um die Realität infrage zu stellen und den Rezipienten zur Reflexion über Wirklichkeit und Fiktion anzuregen. So war die Absicht Magrittes, „den Dingen auf den Grund zu gehen, aus der Malerei ein Instrument zur Vertiefung der Kenntnis von der Welt zu machen", eine Wendung, durch die er den metaphysischen Malern zugeordnet wurde.[88] Der Betrachter sah sich den Rätseln seiner Bilder ausgesetzt, die es zu ergründen galt. Man sah zwar eine Pfeife, aber die Inschrift suggerierte: Ceci n'est pas une pipe.

Den Dingen auf den Grund zu gehen heißt ja, das bloß Sichtbare kritisch zu betrachten, seinen Wahrheitsgehalt zu überprüfen und das hinter dem Sichtbaren Verborgene freizulegen. Der Betrachter wird auf den scheinbaren Widerspruch im Bild Magrittes durch den beigefügten Satz „dies ist keine Pfeife" auf die eigentlich Bildaussage aufmerksam, zu der es im übrigen eine Vielzahl von Deutungen gibt. Einleuchtend erscheint vor allem, daß die gemalte Pfeife in der Tat nicht der reale Gegenstand, sondern sein Abbild ist, und daß der Künstler mit dieser durchaus ironisch zu verstehenden Bildaussage auf die Fragwürdigkeit der wahrgenommenen Realität verweist, die das eigentliche Wesen der Dinge verschleiert. Magritte, der sich eingehend mit der Philosophie befaßt hat (er kannte u.a. die Schriften Platons, Hegels, Kants, Nietzsches und Heideggers) suchte eine andere Wirklichkeit (die für ihn im Rätsel unserer Existenz lag), welche er nur durch Agitation zu Bewußt-

---

88 R. Magritte: Sämtliche Schriften. Hg. A. Blavier. München/Wien 1981, S. 512.

sein bringen konnte, um die Menschen aus ihrer geistigen Lethargie und Empfindungslosigkeit zu befreien. Allerdings obliegt die Lösung der Bildrätsel allein dem Betrachter, der im Surrealen – als Illusion - den oberflächlichen Schein des Realen erkennen muß. Breton behauptet daher, daß die Surrealisten die „konsequentesten Realisten" seien, denn sie „beobachten mit scharfem Auge die Welt und den Menschen... Das Surreale ist mitten in der Wirklichkeit und im wirklichen Funktionieren des Denkens".[89]

Hinsichtlich des Verstehens der surrealen Kunst Magrittes muß der Betrachter folglich in der Lage sein, die Strategie des Künstlers zu durchschauen, der das gewohnte Bild der Wirklichkeit nicht akzeptierte, Vertrautes demaskierte, aus seinem Zusammenhang löste und schließlich auch rationale Gedankengänge durch den Widerspruch von Bild und Sprache in die Irre führte, um das Mysterium des Lebens zu enthüllen.

Wenn das ästhetische Erlebnis zur Erfahrung und Erkenntnis führt und die im ästhetischen Objekt enthaltene Botschaft wirkliches Verstehen hervorruft, dann handelt es sich nach Dilthey nicht mehr um eine 'elementare', sondern um eine 'höhere' Form der geistigen Verarbeitung. Das bedeutet, ein innerer, sinnvoller Zusammenhang ist sowohl emotional als auch intellektuell erkannt worden und wirkt auf das Bewußtsein und auf die Persönlichkeitsbildung des Rezipienten ein. Auf diesem Hintergrund ist ästhetische Erfahrung immer

---

[89] Zit. Lexikon des Surrealismus. Hg. von R. Passeron. Somogy/Paris o. J., S. 34.

auch Wirklichkeitserfahrung, wie die künstlerischen Konzeptionen der exemplarisch aufgeführten Kunstformen belegen. Anschauung ist dann eine produktive Tätigkeit des Subjekts in der Begegnung mit Kunst, ein Dialog mit Gesehenem und zugleich mit dem Autor des Objekts selbst. Nur auf diese Weise zeigt sich die „Macht der Bilder", von denen wir keine Bestätigung unseres bereits vorhandenen Wissens erwarten, sondern einen „Seinszuwachs", wie Gottfried Boehm im Rekurs auf Gadamer hervorhebt.[90]

3.

Im Vorangegangenen haben wir uns mit dem Rezipienten von Kunst befaßt und versucht, die Voraussetzungen für eine sinnvolle und gelingende ästhetische Erfahrung in der Begegnung mit der Kunst zu umreissen. Im Folgenden wenden wir uns nun noch einmal der Kunst und ihren Intentionen zu, um herauszukristallisieren, welche Eigenschaften des künstlerischen Produkts in besonderer Weise auf den Betrachter wirken und vor allem seine individuelle Entfaltung fördern.

Wie sich aus dem Vorangegangenen ersehen läßt, ist das Schaffen des Künstlers nie grundsätzlich autonom oder aus dem „Nichts" hervorgetreten. Der Künstler ist vielmehr eingebunden in die Realität seiner Zeit, die ihn beeinflußt und deren Faktizität er in der Regel äußerst

---

90 Das ist ein Bild? Hg. von G. Boehm. München 1994, insbes. S. 332.

sensibel wahrnimmt. Seine so wahrgenommene Wirklichkeit geht von daher immer auch in seine Gestaltungsabsichten ein, ist also Ausdruck seines individuellen Seins, des gesellschaftlich-kulturellen Zustands und dessen Weltsicht. Welche Schwerpunkte dieses Konglomerat aus Einflüssen im Werk des Künstlers erscheinen, hängt primär von seiner individuellen inneren Haltung und seiner „inneren" Blickrichtung ab, die dann auf denjenigen Phänomenen ruht, die ihn besonders berühren, belasten oder auch faszinieren. So kann man deutlich unterscheiden, ob der Künstler sich vorrangig politischen Themen widmet, wie George Grosz, der sich visuell kritisch gegenüber den Mißständen seiner Zeit äußerte, wie Otto Dix, der mit schonungsloser Deutlichkeit den Krieg anprangerte oder wie Joseph Beuys, der die Krise der Zivilisation und der Menschheit an sich offenbaren wollte.

Das Denken und Wirken der politisch agierenden Künstler konzentrierte sich also zunächst kritisch auf die äußeren, defizitären Umstände, um letztlich das Bewußtsein der Gesellschaft auf menschenunwürdige Lebensverhältnisse zu lenken und gesellschaftliche Veränderungen zu bewirken. Das geschah häufig durch Provokation – und häufig auch sehr ideologisch und dogmatisch geprägt –, so daß die Resonanz des Publikums durchaus zwiespältig war. So wird auch häufig beklagt, daß die Gegenwartskunst zu homogen sei und nur noch den „politischen Konsens bediene", dabei aber die kunsthistorischen Hintergründe und ihre gesellschaftliche Relevanz vernachlässige: indem Künstler sich „in einem weltanschaulich homogenen Feld befinden, müssen sie nämlich nicht gegen Werke bestehen, die mit anderen politisch-moralischen Einstellungen und Intentionen geschaffen wurden". Kunst stelle sich aufgrund dieser Abhängigkeit nur noch als „symbolisches Agieren" dar, denn es reiche, eine bestimmte Thematik zu besetzen, „um damit schon eine bestimmte Gesinnung zu artikulieren und sich zu einer politischen Haltung zu bekennen". Für den Rezipienten sei die Entschlüsselung dieser Kunst aufgrund ihrer Erwartungshaltung mißverständlich und führe aufgrund ihrer Ambivalenz zu falschen Schlüssen.[91] Die Unterschiede zwischen Kunst und anderem sind offenbar verloren gegangen oder irrelevant geworden, was bedeutet, daß sich die Kunst vom Leben mit all seinen Facetten entfernt hat. Von den Werken werde weniger erwartet und *„statt sie als autonome Schöpfungen anzusehen, betrachtet man sie als authentische Medien. Die der Kunst über Jahrhunderte hinweg attestierte Wahrhaftigkeit hat nichts mehr mit transzendenter Offenbarung zu tun, taugt aber als Gütesiegel für moralische Bekenntnisse und Appelle".*[92]

Nimmt sich die Kunst nicht aber auch durch ihren auf das Äußere gerichteten dogmatischen und angepaßten Aktivismus und Populismus die Möglichkeit, einen

---

[91] Wolfgang Ulrich: Nachkunst. Metamorphosen des Werkbegriffs in kuratierter und politischer Kunst der Gegenwart. In: Kunstforum Bd. 254, Köln 2018, S. 63-77, hier S. 64ff. Ulrich verweist in diesem Zusammenhang auf die Installationen von Ai Weiwei.

[92] Ebd., S. 72.

tieferen Sinn und nicht revidierbare Werte in ihren Werken zu artikulieren? Und, was gesellschaftspolitisch noch größere Bedenken auslöst: in welchem Maße wird der künstlerische Aktivismus auch von Ideologien jeder Couleur vereinnahmt? Wenn die Kunst sich ausschließlich einer Ideologie verpflichtet, sich ihr dienstbar macht, verliert sie nicht nur ihre Freiheit und negiert ihre Verpflichtung und gesellschaftliche Aufgabe, sondern verliert zugleich ihre Überzeugungskraft und den Anspruch auf Wahrhaftigkeit.[93]

In ganz anderer Weise und durchaus kritisch reflektiert die Kunst vergangener Epochen das gesamte Leben und Denken der Menschen, die sich in den Werken wiederfinden und Erkenntnisse über sich und die Welt gewinnen. Während die mittelalterlichen Künstler in ihrer religiösen geistigen Welt die Eingebundenheit der Menschen in das christliche Weltbild dokumentierten und diese auch zum Teil drastisch darstellten, entdeckt man bei den Renaissance-Künstlern die neuzeitliche Wendung zum Individuum und dessen Aufbruch in ein freieres Denken. Jede Epoche und Stilrichtung erweist sich demzufolge als geistiger Ausdruck des menschlichen Bewußtseins in einer bestimmten Zeit und gibt dem Betrachter Aufschluß über ein ihm auf den ersten Blick nicht nur historisch fremdes Leben. Daß gleichwohl in

---

93 Vgl. auch L. Kikols Interview mit M. Weinhart (Der Siegeszug des politischen Bastelns. Über `Power tot he people – politische Kunst jetzt). In: Kunstforum Bd. 254, 2018, S. 78-87. Kikol spricht von einem Kreativitätsimperativ der politischen Protest-Kunst und ihrer „Bastelkeller-Kreativität", die vor allem eine anti-bürgerliche Haltung einnehmen wolle, denn ein politisches Zeichen zu setzen, sei kreativ.

den Werken aller Epochen für ihn wesentliche Phänomene der menschlichen Existenz auftauchen, wird er erst durch eine intensive Auseinandersetzung mit dem Bild, dem Künstler und den historischen Gegebenheiten erkennen können.

In der klassischen Moderne zeigt sich nun in besonderer Weise hinsichtlich der inhaltlichen und gestalterischen Tendenz eine dezidierte Hinwendung zum ′Inneren′ des menschlichen Bewußtseins, wie wir exemplarisch bei Kandinsky und Klee zu zeigen versuchten. Diesen Künstlern ging es um Kritik am Menschen selbst und um ihre Vorstellung, das Geistige und Schöpferische im Menschen wachzurufen. Analog zur philosophischen Kritik am Verfall des geistigen Lebens und seiner Werte versuchten sie, das wahre, und für sie geistige Wesen des Menschen zu evozieren (entsprechend u.a. bei Schopenhauer, Nietzsche, Ortega, Scheler).

Ein ähnliches Ziel wie die Philosophie verfolgen solche Künstler im Bereich des Visuellen, deren Werke durch metaphysische Reflexionen ihre prägnante Wirkkraft entfalten wie etwa Mark Rothko, Bruce Nauman oder Barnett Newman. Sie wollten ihrer materialistischen und konsumorientierten Welt eine andere Wirklichkeit entgegensetzen, die nicht der Oberflächlichkeit und Leere verfallen ist. So bedeutet Kunstschaffen für Nauman wie auch für Klee und Kandinsky oder Morandi und Mondrian eine metaphysische Tätigkeit, durch die die Dekadenz der Gesellschaft zu durchbrechen sei. Rothko spricht von einem metaphysischen Weltgefühl, welches er mit den gestalterischen Mitteln der Zeit visualisieren will. Dazu erklärt er: „*...für mich ist die Kunst ein Abbild des Geistigen...*", und damit wendet er sich gegen „die fraglose Übereinstimmung der gegenständlichen Welt mit sich selbst", die erschüttert werden müsse, denn „*nur so läßt sich das oberflächliche Beziehungsnetz zerstören, mit dem die Gesellschaft unsere wahre Umgebung mehr und mehr zu verhüllen droht*".[94]

Die kritische Analyse einer dekadenten Welt und der offensichtliche Zerfall des Menschlichen haben ihn dazu bewogen, mit seiner Kunst das Verlorene aufzudecken und mit der Klarheit seiner Bilder die Menschen wachzurütteln. Und von Barnett Newman heißt es, seine Bilder evozierten „Gefühle von Ganzheit, Simultaneität und Erfülltheit" und „*die Erfahrung von Totalität*", Empfindungen, die in der modernen Welt verloren gegangen sind.[95] Diese Künstler beklagten nicht nur den übersteigerten Individualismus und das aufs Äußere gerichtete Leben, sondern vor allem die geistige Dekadenz, an der z.B. Rothko seelisch zerbrochen ist.

Die Charakterisierung dieser der Philosophie verpflichteten Künstler und die Interpretation ihrer Werke belegen eindrucksvoll, wie sehr sie dem Menschen zugewandt waren und auf ihn einzuwirken gedachten, um sie von einer anderen Welt zu überzeugen. Auf diesem Hintergrund haben ästhetische Objekte nicht nur ihren im allgemeinen Kunstbetrieb geschätzten Sach-

---

94 Ausst. Kat. Mark Rothko. Köln 1988, S. 60f.
95 Ausst. Kat. Barnett Newman. Bilder – Skulpturen – Graphik. Hg. von A. Zweite. Düsseldorf 1997, S. 6.

wert oder im Blick auf die Kunstgeschichte ihren kulturellen Wert. Sie besitzen darüber hinaus einen noch viel bedeutenderen Wert für das Individuum und seine geistige Entfaltung selbst. Dieser Aspekt präzisiert die anthropologische Dimension der Kunst und offenbart zugleich den eigentlichen *Sinn* allen Kunstschaffens.

Wenn man von Sinn der Kunst sprechen will, so gilt es zu berücksichtigen, daß man keinen Konsens seiner Deutung erwarten kann. Nicht nur, daß eine Interpretation des Begriffs von recht unterschiedlichen Faktoren abhängt, die eine bestimmte Kunstgattung tragen, sie ist auch abhängig von historischen, gesellschaftlichen oder weltanschaulichen Prämissen. Dennoch ist es geboten, in unserem Zusammenhang – ausgehend von Herman Nohls These – auf einige spezielle Aspekte des Sinns der Kunst einzugehen, insofern sie auch der Klärung der anthropologischen Dimension des Kunstschaffens dienen, wobei ebenfalls ein Blick auf die gegenwärtige Ästhetik zu werfen ist.

Um sich der angedeuteten Problematik nähern zu können, richten wir den Blick zunächst auf die Dimensionen des Ästhetischen, d.h. auf seine verschiedenartigen Erscheinungen, die im Laufe der Zeit einem bemerkenswerten Bedeutungswandel unterlagen. Das Ästhetische wird inzwischen auf Bereiche bezogen, die seine ursprüngliche Beziehung auf die Kunst oder die Wahrnehmung weit überschreitet, was nicht zuletzt auch Auswirkungen auf das Verständnis von Kunst (z.B. hinsichtlich Qualität, Wert, Singularität usw.), aber auch auf ein daraus resultierendes Lebens- und Weltverhalten erhält (z.B. Ästhetisierung der gesellschaftlichen Realität).

In neueren Stellungnahmen ist mithin die Funktion tradierter ästhetischer Kategorien und das „ästhetische Weltverhalten" zentral, insofern diese Thematik das Leben des Einzelnen, aber auch darüber hinausreichende Gegebenheiten maßgeblich tangiert. Grundsätzlich geht es um die Funktion, die das Ästhetische auf das Weltverhältnis heute noch besitzt. Interessant ist, daß die ästhetische Erfahrung zwar als allgemeinmenschliche Eigenschaft verstanden wird, ihre Wirkkraft inbezug auf das menschliche Bewußtsein jedoch auf sehr divergenten Auffassungen beruht. So betont Bernd Kleimann vor allem den rein sinnlichen Aspekt ästhetischer Erfahrung, ohne deren tiefere Bedeutung im philosophischen Sinne zu berücksichtigen, während andere insbesondere ihren grundsätzlichen Erkenntnischarakter hervorheben.[96] Mit dem Begriff „ästhetische Rationalität" verbindet er allerdings die „kritisch-korrektive Funktion" der ästhetischen Erfahrung mit der Vernunft und schließlich der Ethik als unabdingbare Voraussetzung für ein adäquates Weltverhalten in unserer Zeit.[97]

---

96   B. Kleimann: Das ästhetische Weltverhältnis. Eine Untersuchung zu den grundlegenden Dimensionen des Ästhetischen. München 2002, S. 37ff.

97   Vgl. insbes. den vierten Abschnitt (305-367). Gegen eine bevorzugte Rationalisierung der ästhetischen Erfahrung wendet sich der vom ursprünglichen Begriff 'aisthesis' ausgehende Kunstwissenschaftler Gernot Böhme und betont das „Spüren" als wesentliches Moment ästhetischer Erfahrung und Erkenntnis.: Aisthetik. Vorlesungen über

Aus den zahlreichen Erörterungen zur Funktion der Kunst, d.h. auch inbezug auf ihren Sinn und ihre anthropologische Dimension läßt sich entnehmen, daß besonders die Beziehung von Kunst und Wirklichkeit, aber auch die dem Kunstwerk inhärente „Wahrheit" thematisiert wird. Diese ist ein nicht unwesentliches Moment der ästhetischen Erfahrung, denn Wahrheit oder Wahrhaftigkeit begründen Glaubwürdigkeit, welche für jede wirkliche Erkenntnis unabdingbar ist. Diese Tendenz des ästhetischen Diskurses klingt also überzeugend und notwendig, zumal das Visuelle in der Gegenwart nicht nur das Wort verdrängt, sondern auch aufgrund seiner Vieldeutigkeit und kaum mehr vorhandenen Überprüfbarkeit zu Irritationen und Unsicherheiten darüber geführt hat, was man glauben kann oder nicht. Bilder haben ihre Eindeutigkeit verloren, seit sie nicht mehr dasjenige präsentieren, was das Auge mit Wahrheit und Wirklichkeit assoziieren kann. Sie stellen auf diese Weise die Wahrnehmung in Frage und können manipulativ genutzt werden, Wahrheit und Wirklichkeit also verfälschen. Die Frage, was wir noch glauben müssen oder können, betrifft keineswegs nur die digitalen Medien (vgl. u.a. den Medientheoretiker Vilém Flusser), auch die Kunst muß sich dieser Frage stellen. Mit kritischen Fragen nähert Manfred Riesel sich demzufolge den Darstellungen in der Kunst, um deren „Wahrhaftigkeit" zu überprüfen, was auch bedeutet, den moralischen Anspruch mitzubedenken.[98] Seine Untersuchungen füh-

---

Ästhetik als allgemeine Wahrnehmungslehre. Paderborn 2001/3.
98 M. Riesel: Müssen wir alles glauben, was man uns erzählt? Kritische

ren ihn zu der Schlußfolgerung, daß 'Wahrhaftigkeit' im Werk nur dann überzeugend sei, wenn der Autor selbst über Integrität verfügt, weil menschliche Unzulänglichkeiten sich im Werk selbst niederschlügen.[99] In der Kunstgeschichte sind solche Überlegung zwar kaum thematisiert worden, für die Wirkung eines Werkes auf den Betrachter spielen sie indes sehr wohl eine Rolle, wenn man die kulturelle Bedeutung allen Kunstschaffens und der ästhetischen Erfahrung umfassend betrachten will. Im nächsten Kapitel werden wir eingehender auf diesen Aspekt der Kunst im allgemeinen eingehen.

Wahrheit des Bildes ist insofern eine ästhetische Kategorie, als mit ihr ein Hinweis auf einen glaubhaften, sinngetragenen Gehalt des ästhetischen Objekts gegeben ist, der eine ästhetische *Wirklichkeit* widerspiegelt. Diese Wirklichkeit ist durchaus mehrdeutig, bezieht sie sich doch auf verschiedene Ebenen, die zum einen die Wirklichkeit des schaffenden Künstlers und seine Gestaltungsintention betrifft, zum anderen aber auf die Wirklichkeit des Betrachters und seiner subjektiven Erfahrung bezogen ist. Diese Konstellation kann durchaus zu Konflikten führen, wenn die unterschiedlichen Ebenen keine Berührungspunkte aufweisen: Der Betrachter findet keinen Zugang zur Gedankenwelt des Künstlers und wird ihn dann nicht verstehen, weil ihm

---

Betrachtungen zu Darstellungen in der Kunst – Sein und Schein. Frankfurt 1998.
99 Heidegger Beziehung zum Nationalsozialismus hatte bekanntlich aus vergleichbaren Gründen zu heftigen Kontroversen um seine Wahrhaftigkeit geführt.

seine Beweggründe und Motive fremd bleiben.

Auf einen weiteren Aspekt der Wirklichkeit verweist Herman Nohl im Blick auf Dilthey, wenn er von einem „ästhetischen Lebensverhalten" spricht, welches aus einer ästhetischen Wirklichkeit resultiert.[100] Wie schon erwähnt, hat Dilthey von einem „höheren" Verstehen gesprochen, aus welchem Erkenntnis hervorgehe und das Leben des Menschen verändere. Und Gadamer spricht in diesem Zusammenhang von einem „Seinszuwachs", also einer Vergeistigung des Subjekts und einer neuen Wirklichkeitserfahrung, die aus der ästhetischen Erfahrung hervorgeht. Weil diese neue Erkenntnis das *innere Leben* des Menschen tangiert, also eine modifizierte Lebenseinstellung bewirkt, spricht Nohl von einer Steigerung, einer Intensivierung der menschlichen Existenz. Dabei handelt es sich um eine spezifische Bewußtseinshaltung, die auf kritischer Reflexion beruht, zu selektieren weiß und auf den Sinn aller lebensweltlichen Phänomene angemessen reagiert. In der Begegnung mit der Kunst kann diese Haltung durch Vertiefung der Sensibilität emotionaler und rationaler Fähigkeiten aktiviert werden, insofern die der Kunst immanenten Denk- und Erfahrungsmodelle den Dialog mit dem Werk bestimmen, wie weiter oben schon ausgeführt wurde.[101]

Das künstlerische Schaffen und das künstlerische Erlebnis bezieht Nohl auf diesem Hintergrund und im

---

100 Herman Nohl: Die ästhetische Wirklichkeit. Eine Einführung. 4. Aufl. 1973.
101 Vgl. auch meine Schrift Das Prinzip Leben. Lebensphilosophie und Ästhetische Erziehung. Frankfurt 1993, bes. S. 363-371.

Anschluß an Nietzsche und Dilthey auf das Leben selbst, denn dieses als dynamisches Phänomen bedarf einer stetigen Steigerung. Die „lebendige Funktion" der Ästhetik muß daher aus dem *Seelenleben* begriffen werden, eine Thematik, die Nohl als zentrale Frage der Ästhetik überhaupt bezeichnet, weil das „Verhältnis des Inneren zum Äußeren…kein abstraktes Postulat" ist. Und weiter: *„Diese Beziehung ergibt nicht nur eine Struktur, sondern zugleich die Funktion dieser Struktur: 'Ineinander von Kraft und Form, das eben das Leben ist".*[102] Das bedeutet ferner, daß die ästhetische Wirklichkeit nicht auf Singularitäten beschränkt ist, sondern „ein universales Grundverhalten des Geistes zum Leben überhaupt" charakterisiert, weil das ästhetische Verhalten „eine gestaltende Kraft unseres Lebens selbst" ist.[103]

Daß die von Nohl formulierten Gedanken zur Ästhetik immer auch auf den Sinn der Kunst und ihrer Bedeutung für den Menschen und das Leben selbst rekurrieren, ist offensichtlich. Allem liegt doch der Aspekt des Verstehens zugrunde, als eine den Sinn freilegende hermeneutische Methode des Sehens und Erfahrens (bei Rothko beispielsweise das Numinose, bei Barnett Newman das Sublime), wie Gottfried Boehm schon 1978 darlegte und 1994 mit dem Sammelband „Was ist ein Bild?" erneut thematisiert.[104] Damit verweist Boehm

---

102 Nohl: Die ästhetische Wirklichkeit, ebd., S. 195ff., 198ff.
103 Ebd., S. 205.
104 Zu einer Hermeneutik des Bildes. In: Seminar: Die Hermeneutik und die Wissenschaften. Hgg. Von H.-G. Gadamer/G. Boehm. Frankfurt 1978, S. 444-471. Ferner: G. Boehm (Hg.): Was ist ein Bild? München 1995, bes. S.344. EA 1994.

auf die immer neu zu stellende Frage, was Ästhetik als Medium existentieller Erfahrung konstituiert.

V.
Die ethische Dimension des Ästhetischen

Um den Sinn der Kunst und ihre anthropologische Dimension in einem engen Zusammenhang zu erörtern, ist es unabdingbar, auf einen weiteren wesentlichen Aspekt aufmerksam zu machen, der die Lebensbedeutung der Kunst für den Menschen präzisiert: das ethisch-moralische Fundament, auf dem das Kunstschaffen gründet. Allerdings ist nicht zu leugnen, daß die Kunst keineswegs einen solchen Einfluß, eine solche Wirkung auf den Menschen auszuüben in der Lage ist wie etwa die technologische Entwicklung mit ihren Vorzügen und wenig diskutierten Nachteilen. Aufgrund ihrer materialistischen und szientokratischen Grundhaltung wird zwar gelegentlich die Forderung nach einer Ethik der Wirtschaft und der Wissenschaft gestellt, sie bleibt aber im wesentlich unbeachtet. Ferner erreicht die Kunst im Gegensatz zu den Errungenschaften der technischen Innovationen nur eine begrenzte Anzahl der Bevölkerung, so daß ihre Wirkung marginal ist.

Und dennoch, so haben wir versucht zu zeigen, ist es ein überdauerndes Ziel der Kunstschaffenden, etwas zu bewirken, Veränderungen hervorzurufen und den Menschen die existentielle Bedeutung einer kritischen und reflektierten „ästhetischen Lebenshaltung" zu vermitteln. Denn wenn die Kunst etwas sichtbar machen will, so ist dieser Aspekt ein wesentliches Moment des schöpferischen Prozesses. Es bedarf nämlich keines besonderen Scharfblicks oder eines ausgeprägten Pessimismus, um den desolaten Zustand der globalisierten Welt zu beschreiben, in der Humanität und Menschenwürde nichts mehr bedeuten. Daß die Kunst auf diesem Hintergrund Position beziehen will und muß, liegt in ihrem ureigenen Wesen begründet. Zu welchen Mitteln sie dabei greift, trifft allerdings auf sehr unterschiedlich zu bewertende Analysen.

1.

Ohne eine überzeugende Ethik und daraus folgenden moralischen Einsichten und Handlungsweisen ist das Zusammenleben in der menschlichen Gemeinschaft weder vorstellbar noch möglich. Obzwar Gesetze erforderliche Vorschriften über moralisches Handeln festlegen und vorschreiben könnten, kommt es in der Praxis in erster Linie auf die Einsicht des Einzelnen an, sie zu befolgen. Fehlt es aber an Einsicht des Einzelnen und entsprechendem Handeln, so bleiben ethisch-moralische Prinzipien Utopie.[105] Daß Politik, Wirtschaft, Wissenschaft und andere einflußreiche Institutionen es bisher nicht erreicht haben, Kolonialismus, Sexismus, Rassis-

---

[105] Vgl. K. Albert/E. Jain: die Utopie der Moral. Versuch einer kulturübergreifenden ontologischen Ethik. Freiburg/München 2003.

mus und Ausbeutung aller Art auszumerzen, stärkt die Vermutung, daß dieses Ziel kaum auf ihr Interesse stößt, denn grundlegende Fortschritte sind bislang weltweit nicht erkennbar.

Ein weiteres Problem ergibt sich aus folgendem: Die Richtlinien, die in der Ethik theoretisch formuliert werden, sind nicht nur kulturell äußerst unterschiedlich, sondern auch, weil religiöse und tradierte Einflüsse sie eingrenzen und damit einen allgemeingültigen Konsens verhindern. Daraus entstehen Konflikte, wie wir sie in der Gegenwart in der ganzen Welt erleben, denn jedes Konzept beansprucht für sich die absolute Wahrheit und diskreditiert damit andere Auffassungen und zugleich freiheitliche Entscheidungen des Subjekts, dessen Lebensentwurf massiv eingeschränkt wird.

In der abendländischen Welt haben sich seit der Renaissance und besonders der Aufklärung entscheidende Kategorien zur näheren Bestimmung der ethisch-moralischen Prinzipien herauskristallisiert, die unsere weiteren Überlegungen in bezug auf die ethische Dimension der Kunst tragen. Dabei spielen Begriffe wie Wert, Menschenwürde, Freiheit und Individualität eine besondere Rolle sowie deren Realisation in der Gesellschaft.

Ein Schlüsselbegriff der genannten Kategorien ist zunächst der Wertbegriff, von dessen Bestimmung die Weltanschauung und das Verhalten einer Gesellschaft maßgeblich abhängen. Phänomene, denen ein Wert attestiert wird, werden geschätzt, respektiert und sind motivational effektiv, was aufgrund der subjektiven

Bewertung noch keineswegs zu einer allgemeingültigen Festlegung führt. Die Debatte um *Werte*, von dem Physiologen und Philosophen Rudolf Hermann Lotze (1817-1881) als Terminus in die Philosophie eingeführt, hat zwar zu einer Vielzahl von Erkenntnissen geführt, aber bis heute keinen Konsens über seine tatsächlichen Eigenschaften und Wirkkraft hervorgebracht. Denn die Akzeptanz von Werten ist abhängig von vielen Faktoren, die sowohl die Bedürfnisse als auch die emotionalen Bedingungen des Menschen tangieren, was die Unterschiede der Definitionen auch erklärt. Werden Werte von einer diktatorischen Obrigkeit festgelegt und ihre Akzeptanz erzwungen, so widersprechen sie zweifellos jedem freiheitlichen Grundgedanken.

Franz von Kutschera bemüht sich in seiner Schrift, den ontologischen Status von Werten herauszuarbeiten und geht dabei vom „Dilemma der gegenwärtigen Werttheorien" aus, das auf zwei konträren Positionen beruht: den der Wertsubjektivisten und der Wertrealisten.[106] Alle Wertvorstellungen, besonders moralische und ästhetische – so heißt es einerseits – beruhen auf der Präferenz des Individuums, also auf Selektion im Blick auf eigene Bedürfnisse. Dieser Deutung steht andererseits die Auffassung der „Wertrealisten" gegenüber, daß Werttatsachen unabhängig von Präferenzen sind.[107] Daß beide Positionen keineswegs überzeugend sind, unterstreicht Kutschera mit dem Hinweis, daß die normative Rückbindung objektiver Tatsachen nicht berücksichtigt

---

106 F. von Kutschera: Wert und Wirklichkeit. Paderborn 2010, S. 1.
107 Ebd., S. 23ff, 33.

werde, und der Einstellung des Subjekts ein zu großes Gewicht beigemessen werde. In der Tat sind die beschriebenen Positionen äußerst problematisch, weil sie argumentativ maßgeblich an den Zeitgeist gebunden sind, der den übersteigerten Individualismus (mit dem ein tiefgreifender Paradigmenwechsel des Menschenbildes verbunden ist) und die damit verbundene Beliebigkeit zum Maßstab aller Dinge macht. Dabei wird das Zeitübergreifende – auch der Werte – nivelliert und auf die Ebene des Unbedeutenden und schnell Revierbaren verlagert. Eine solche Entwicklung führt aber – vor allem in der Ethik – zu Orientierungslosigkeit und zu tiefgreifenden Konflikten in der Gesellschaft, vor allem dann, wenn die geforderte Selbstbestimmung mit moralischen Normen, z.B. der Freiheit des Anderen, kollidiert. Man muß allerdings zwischen normativen Werten unterscheiden, die – aus der menschlichen Existenz heraus verstanden – zeitübergreifend sind von jenen, die als kulturelles Spezifikum dem Wandel unterliegen. Das bezieht sich sowohl auf die Ästhetik als auch in besonderer Weise auf die Ethik.

Werte sind zwar nicht von ihrem Wirklichkeitsbezug und dem subjektiven Denken und Handeln zu trennen, aber sie dürfen nicht in einer Weise verfälscht oder entwertet werden, daß das subjektive Empfinden das objektive Postulat verschwinden läßt. Für das menschlichen Zusammenleben klingt dieser Gedanke theoretisch betrachtet wohl überzeugend, er wird aber in der Realität, im praktischen Leben, nicht selten negiert, so daß

Grenzen überschritten werden, die einer humanen und demokratischen Gesellschaft widersprechen. Wie aber steht es mit der Kunst? Darf die Kunst alles sie Bewegende artikulieren, auch wenn sie dabei Grenzen überschreitet? Am Beispiel der Gewalt soll auf diesen Aspekt der Meinungsfreiheit und Selbstbestimmung im Blick auf moralische Normen einmal genauer eingegangen werden.

2.

Daß sich die Auffassung von Gewalt in unserer Gesellschaft deutlich verändert hat, wird in den Medien in der Tat ausführlich diskutiert und dabei auf die allgemeine Verrohung und Verwahrlosung verwiesen. Doch die Medien selbst scheinen, obwohl sie das Problem offensichtlich erkannt haben, auf Gewalt sowohl bezogen auf die Sprache als auch auf Handlungen in ihren Produktionen keineswegs verzichten zu wollen. Filme oder „soziale" Netzwerke mit dieser Thematik treffen auf das Interesse des Publikums und steigern die Einschaltquote, sodaß Ressentiments oder Zweifel an der Veröffentlichung und einer weiteren Verbreitung ausgeschlossen werden. In Vergessenheit geraten ist dabei die Tatsache, daß die Gewöhnung an Gewalt – auch bei bloß visueller Präsentation – zu einer Reduktion der Empfindungen bezüglich der physischen und auch psychischen Unversehrtheit führt. Gewaltdarstellungen dienen in der Regel der Sensationslust und der Befriedigung von Vorstellungen, die man im eigenen Leben nicht erfahren will. Bei Reportagen über menschenunwürdige Zustände in der Welt, über Kriege, Tod und Folter hat man sich zwar Beschränkungen in der Darstellung auferlegt, aber der Vorsatz zur glaubhaften Abbildung der Realität läßt immer noch hinreichend Raum für teils unerträgliche Bilder, die auf das moralische Bewußtsein des Rezipienten angeblich wirken sollen. Daß auch Abstumpfung eine Folge sein kann, wird geflissentlich übersehen.

Gewaltdarstellung in der Kunst kann man in vergleichbarer Weise als Reaktion auf Wirklichkeitserfahrungen betrachten, die der Künstler mit seinen Mitteln zu realisieren gedenkt. Dabei kommt der Perspektive des Künstlers im Zusammenhang mit dem Dargestellten ein besonderes Gewicht zu. Nicht nur diese Grundvoraussetzung betrachtet Ignaz Knips in einem kleinen Band, sondern darüber hinaus auch die *„evozierten ästhetischen Erfahrungen und Rezeptionslinien, die durchaus zwischen Verdikten und Glorifizierungen, zwischen Voyeurismen und Entsetzen beziehungsweise Schock, zwischen Sensibilisierung und Abstumpfung oder Gleichgültigkeit oszillieren können"*.[108]

Der Verzicht auf eine die Realität reflektierende dargestellte Gewalt kann tatsächlich zur Verschleierung wahrer Tatbestände führen. Denn durch Verschleierung oder Verdeckung der in der Wirklichkeit faktisch exi-

---

108 I. Knips: Perspektive und Gewalt. Ein Versuch. Köln 2017, S. 9.

stenten Gewalt wird ein Bereich der Manipulation mit unabsehbaren Folgen betreten. Im Verweis auf eine Bemerkung des Malers Francis Bacon erläutert Knips, daß die Darstellung von Gewalt ein notwendiges Mittel sei, um den Phänomenen der Wirklichkeit gerecht zu werden. Dieser sehe sogar in der Anwendung der Farbmaterie Potential für Gewalt, indem Farben zerrieben oder zerbürstet werden und damit eine Darstellungsweise möglich wird, die der Farbe selbst die ihr eigene Wirkkraft nimmt, um die Gewalttätigkeit der Realität ganz neu zu gestalten.[109] Aber selbst mit der Absicht, aufklären zu wollen, wird die Kunst sich der Frage stellen müssen, ob sie mit Gewaltdarstellungen nicht gegen ethische Normen verstößt, denn Gewalt wird einerseits häufig als Gegensatz zur Rechtfertigung moralischer Handlungen angewendet, andererseits findet sie auch Einsatz zur Befriedigung von Machtinteressen oder aus anderen niedrigen Beweggründen.

Wie aber sind dann die Szenen aus der Hölle des Hieronymus Bosch zu verstehen, in denen die Abgründe des menschlichen Wesens in all ihrer Grausamkeit vor Augen geführt werden? Sie dienen tatsächlich als drastische Mahnung einer auf dem Menschen- und Weltbild resultierenden Auffassung dieser Zeit. Die Wirkkraft dieser Bilder ist auch deshalb für Boschs Zeitgenossen so stark, weil sie als Bilder aus dem realen Leben verstanden werden können. Sie sind gleichsam Symbol dieser erlebten, grausamen Realität, die es zu überwinden gilt, um

---

109 Ebd., S. 53f.

dem Göttlichen zu entsprechen. Denn der „biblische Monotheismus" mache „Recht und Moral zu Gegenständen der Offenbarung", um die Beziehung zwischen Gott und den Menschen festzulegen, die Gewalt und Ungerechtigkeiten ausschließt: „das ganze Leben soll Gottesdienst sein... Alle Bereiche der Kultur wie Recht, Politik, Wirtschaft, Wissenschaft und Kunst werden der Tendenz nach von der Religion in den Dienst genommen".[110]

Ob Gewaltdarstellungen in unserer Gegenwart auch noch als Mahnung verstanden werden, die eine kathartische Wirkung erzeugen, mag bezweifelt werden. Es verdichtet sich vielmehr die Auffassung, daß sie eher motivierend auf die eigenen Handlungsweisen wirken, indem Grenzen moralischen Handelns überschritten werden, die nicht mehr als Grenze gelten. Haben wir es also bereits mit einer Perversion des Denkens und Empfindens zu tun?

Explizite, aber auch verborgene Gewaltmotive finden sich in der Kunst immer wieder, vor allem dann,

---

110 J. Assmann: Totale Religion. Wien. 3. Aufl. 2018, S. 15f. Der Verfasser weist darauf hin, daß in allen Religionen eine Sprache der Gewalt herrsche, die sowohl dem Machterhalt der religiösen Kaste als auch dem sozialen Zusammenhalt der Gesellschaft diente. Ferner gehe es um jeweils einen exklusiven und zu verteidigenden Wahrheitsbegriff, der zu Feindbildern, verbunden mit Haß und Gewalt, führe. Eine solche Polarisierung zwischen Feind und Freund greife schließlich auf das politische und gesellschaftliche Leben über (25ff., 112ff.). Es gehe dabei um einen „radikalen Puritanismus", einer expliziten Abgrenzung von anderen religiös bestimmten Gesellschaften, die – religiös fundiert – auf beträchtlicher Gewaltsamkeit im Namen Gottes beruhe wie etwa im heutigen Wahhabismus (128f.).

wenn sie historische Gegebenheit visualisieren. Durch ihre zeitliche Distanz zum Betrachter ist ihre Wirkung allerdings nicht so tiefgreifend wie die Darstellung einer unmittelbaren Wirklichkeit, denn sie geben Auskunft über historische Gegebenheiten, die den Betrachter nicht ursächlich berühren, aber dennoch zum Nachdenken anregen. Grundsätzlich ist festzuhalten, daß es auf die Sensibilität und Perspektive des Künstlers ankommt, inwieweit er moralische Grenzen überschreitet und welche Absichten er damit verfolgt.

Dieser wichtige Aspekt bezieht sich nun nicht nur auf die expliziten Gewaltdarstellungen in der Kunst, denn viele andere Werke überschreiten bestimmte moralische Normen ebenso, wenn sie in irgendeiner Weise als verletzend oder diskreditierend wahrgenommen werden können. Aufgrund von künstlerischer Freiheit und einer der jeweiligen Zeit angepaßten Form von Freizügigkeit ist Kritik daher schwer zu verteidigen. Es geht aber um latente Formen von Gewalt, die erst durch subjektive Empfindungen als solche erfahren werden. Beispielhaft hierfür sind Aktdarstellungen, die nicht nur den Körper als ästhetisches Motiv zeigen, sondern wie bei dem französischen Realisten Gustave Courbet den weiblichen Intimbereich, mit pornographischem Blick betrachtet, geradezu als Objekt sexueller Begierde (weshalb man ihm im übrigen mit vehementer Kritik eine ungezügelte Erotik nachsagte). Das Unbehagen, das Courbet mit diesem, die Frau instrumentalisierenden Bild auslöste, ist vermutlich nicht nur auf die Prüderie der Zeit zurückzuführen, es resultiert dagegen aus der Erkenntnis, daß es einen Eingriff in die Persönlichkeit und deren Wertschätzung als Individualität ausdrückt. Der Künstler hat damit nicht nur moralische Vorstellungen seiner Zeit ignoriert, sondern auch Grundprinzipien der Ethik schlechthin, denn es geht um mißachtete, um verletzte Menschenwürde.

Doch Übereinstimmung inbezug auf das Maß der von der Kunst beanspruchten Freiheit herrscht nicht, insofern die Schreckensgestalt der Zensur immer – und mit gewissem Recht - mitbedacht wird. Daraus folgt, daß auch Elaborate, die mit aufklärerischen Argumenten religiöse oder andere sensible Motive verunglimpfen, in der Kunstszene durchaus Anerkennung finden (z.B. Muehl oder Nitsch). Kritisches Denken gegenüber solchen Elaboraten verlangt allerdings keine von außen kommende Zensur, sondern appelliert an das Verantwortungsbewußtsein des Künstlers, von dem erwartet wird, daß Humanität in seinen Werken hervortritt und nicht blosse Provokation mit Mitteln der Gewalt. Gewalt bringt bekanntlich Gegengewalt hervor, nicht aber eine sachliche Debatte über Probleme unserer Zeit.[111]

Während unsere bisherige Erörterung sich primär auf die Motive und Ausdrucksformen von Gewalt der Autoren bezog, gilt es noch einmal die Adressaten in den

---

111 Es darf in diesem Zusammenhang an die Eskalation von Gewalt erinnert werden, die durch die satirische Darstellung islamischer Motive hervorgerufen wurde. Vgl. auch meine Schrift Weltanschauung und Menschenbild in der Kunst der Gegenwart. Frankfurt 1998 (2. Aufl. Norderstedt 2015),

Blick zu rücken, die der Gewalt durch die unkontrollierte Bilderflut unserer Zeit in immer größerem Maße ausgesetzt sind. Nachdem nun deren Folgen unübersehbar sind und allseits beklagt werden, hat sich auch die Psychologie von ihrer Vorstellung verabschiedet, daß der Einfluß der Bilder auf den Rezipienten gering sei, weil Fiktion und Realität unterschieden werden könnten. Daß dies aber keineswegs der Fall ist, weil das Bedeutungsspektrum des Gesehenen seinen Wirklichkeitscharakter behauptet, legt nahe, daß die Differenz von Fiktion und erlebter Wirklichkeit aufgehoben ist (zumal der Zugang zu realistischen Gewaltdarstellungen durch die sogenannten sozialen Netzwerke vor allem unkritische Nutzer unter diesem Aspekt beeinflußt). Es geht dabei um eine Weise der Gewöhnung, d.h. um einen Wirklichkeitsgehalt von Erscheinungen, der sich dem Betrachter einprägt, selbst dann, wenn er simuliert ist. Indem diese fiktive Wirklichkeit die reale transzendiert und durch eine neue imaginäre ersetzt, erscheint sie dennoch durch die technische Perfektion als real und wird auch dementsprechend wahrgenommen. Der französische Kunstkritiker und Philosoph Paul Virilio hat diese Tatsache im Blick auf die Zeit und auf die Dauer des Eindrucks mit dem Begriff der ´beständigen Formen´ beschrieben, d.h. daß die Wahrnehmung durch die Illusion eines nichtrealen Phänomens die Beziehung zur Realität verlieren kann, weil der Mensch der Täuschung der Imagination, der Illusion, verfällt. Der Mensch sei dann „in eine andere Kategorie der Abwesenheit von der

Welt eingetreten". Mit diesem Prozeß verbunden ist zum einen ein Verschwinden der Realität, zum anderen auch eine grundsätzliche Flucht vor einer nicht verarbeiteten Wirklichkeit.[112] Das durch die Bildwirkung vordergründig hervortretende scheinbar Banale verursacht folglich nicht nur Sinnverlust, wie Virilio weiter expliziert, sondern zugleich „eine Siesta unseres Bewußtseins... und einen Niedergang der Existenz".[113]

Bezogen auf die Problematik der Gewalt in Bilddarstellungen bedeutet dies, daß das Wahrgenommene des Fiktiven nicht mehr an den Normen und Werten der demokratischen Gesellschaft gemessen wird, sondern einen neuen Status als etwas Selbstverständliches und auch Vertretbares erhält. Auf diese Weise prägt sich ein Welt- und Menschenbild ein, welches in der Realität zu fatalen Auswirkungen führt. All dies bewirkt eine zu konstatierende Unverbindlichkeit und Beliebigkeit, wenn nämlich der eine Gemeinschaft tragende Sinn- und Wertebegriff massiv in Frage gestellt oder vollständig eliminiert wird. Es geht also um eine „strukturale Revolution des Werts", wie Baudrillard aufzeigt, indem die Zeichen des Wahrgenommen (also die Bildintention und Aussage) das Authentische entkräften, sodaß sich eine sinnenbezogene 'Umkehr' ergibt: das Imaginäre einer virtuellen Welt wird zum Realen, das nun mit Täuschung Wahrheit beansprucht.[114] Während Bau-

---

112 P. Virilio: Ästhetik des Verschwindens. Berlin 1986, S. 21.
113 Ebd., S. 41.
114 J. Baudrillard: Der symbolische Tausch und der Tod. Paris 1976, dt. 1981.

drillard zwar eine kulturkritische Diagnose liefert, ohne eine tragfähige Lösung anzubieten, geht Foucault einen Schritt weiter und untersucht den Status des Menschseins selbst, um die Spaltung von Vernunft und Unvernunft als Ursache defizitärer Zustände und der daraus entstehenden Folgen zu erklären. Letztlich geht es ihm um eine reflektierten Freiheitsbegriff und ein daraus resultierendes Verantwortungsbewußtsein des Menschen, welches zu reaktivieren sei.[115] Das bedeutet zum einen, daß individuelle Präferenzen nicht zum alleinigen Maßstab allen Handelns herangezogen werden können, zum anderen aber, daß die Funktion von Regeln und Ordnungen in einer Gemeinschaft als Sicherungssysteme der Prävention von Fehlverhalten – z.B. bezüglich der Freiheit anderer – akzeptiert werden müsse.

Verantwortung zu übernehmen und zu tragen, verlangt natürlich, sein Recht auf Selbstbestimmung zu reflektieren und nicht nur eigene Interessen durchzusetzen, d.h. nicht Subjektivität ist eine Voraussetzung verantwortungsvollen Handeln, sondern Intersubjektivität, also die Fixierung auf das Andere. Diese Thematik hat in der Philosophie und Psychologie inzwischen seit der Postmoderne eine Vielzahl von Konzepten hervorgebracht, deren jeweilige Apologie indes zu immer weiteren Diskussionen geführt hat, was vor allem der Wandel von Normen und Werten deutlich macht. Daß der tradierte Vernunftbegriff allein allerdings keine Klärung bringen kann, muß nicht eigens einer historischen

---

115 M. Foucault: Wahnsinn und Gesellschaft. Eine Geschichte des Wahns im Zeitalter der Vernunft. Frankfurt 1969, S. 455ff. (EA Paris 1961).

Untersuchung unterzogen werden, da die Beweislage angesichts der Menschheitsgeschichte wohl eindeutig ist. Wir versuchen daher, anhand von neueren Positionen weitere Aspekte aktueller Erkenntnisse hinsichtlich moralischer Implikate der Kunst unter Berücksichtigung der individuellen Selbstbestimmung darzulegen.

3.

Daß das Prinzip der Individualität und mit ihm die Selbstbestimmung sowohl in der Theorie als auch in der Praxis immer wieder an seine Grenzen stößt, wurde bereits in Grundzügen erörtert. Denn nicht nur der historische Kontext, sondern mit diesem auch Bedeutungshorizonte und das Menschen- und Weltbild einer Gesellschaft unterliegen ständigen Veränderungen. Damit ist eine Dynamik aller Lebensprozesse bezeichnet, die einen weitreichenden Einfluß auf die Beziehung der Menschen untereinander besitzt. Daraus folgt auch, daß es einer dauerhaften Reflexion der menschlichen Freiheit und ihrer Implikate bedarf, die immer auch auf das Ausufern derselben reagiert und bewährte Wertvorstellungen erneut thematisiert, um das Bewußtsein der Menschen hinsichtlich moralischen Verhaltens zu sensibilisieren, d.h. um seine Sozialkompetenz in Erziehungsprozessen entwickeln zu können. Dabei sind die Konsequenzen des Liberalismus der demokratischen Gesellschaften ebenso in den Blick zu rücken wie das Postulat eines 'hermetisch´ sich gebenden Individualismus, der die Relevanz des intersubjektiven Agierens negiert. Die Empathie für andere spielt in diesem Zusammenhang als Prinzip der Humanität und Ethik eine maßgebliche Rolle, insofern die Konfrontation mit dem ´Fremden´ immer auch Konfliktstoff enthält, der die je eigene Individualität und Selbstbestimmung tangiert und möglicherweise auch einschränkt, es sei denn, eine vernunftgesteuerte Dialogkultur verhinderte die Verfestigung konträrer Meinungen.

Konsequent ist daher die Frage nach dem ´Wie´ des Denkens in moralischen Akten, die Hans-Martin Schönherr-Mann in dem von ihm herausgegebenen Band behandelt wissen will. Begründet wird diese Zielsetzung mit dem Hinweis, daß sich sowohl das ethische Bewußtsein im 20. Jahrhundert verändert habe als auch, daß die ethische Effizienz des Handelns grundsätzlichen Zweifeln unterliege.[116] Als Ursache wird ein ausufernder Aktivismus genannt, der einen „depressiven Pessimismus angesichts von Entfremdungs- und Entseelungsprozessen" hervorbrachte. Diese Analyse trifft insofern auf die gesellschaftliche Situation zu, als der Mensch sich der ständigen Hektik des Alltagslebens aber auch der Vergnügungsindustrie ausgesetzt fühlt, und Phasen wie Muße und Besinnung keine Beachtung mehr finden. Der Mensch verliert sich selbst auf diese Weise und läßt sich - bewußt oder unbewußt - in eine Lebens-

---

116 H.-M. Schönherr-Mann (Hg.): Ethik des Denkens. Perspektiven von Ulrich Beck, Paul Ricoeur, Manfred Riedel, Gianni Vattimo, Wolfgang Welsch. München 2000.

welt einbinden, die seine Individualität und auch seine Selbstbestimmung auslöscht: er wird „Massenmensch", der sich jeder Verantwortung entzieht und dem „Mainstream" kritiklos folgt. Und so ist mit dem Verweis auf die Ethik des Denkens mit einem Appell an die *Fähigkeit des Besinnens* verbunden, in der rationale und emotionale Kräfte des Bewußtseins gleichermaßen mobilisiert und sensibilisiert werden und als kognitive Erfahrung zuammenwirken. Thematisiert wird dieser Gedanke besonders von Ulrich Beck, der von der erkennbaren „Zerbrechlichkeit" der gegenwärtigen sozio-kulturellen Situation ausgehend, eine „zweite Moderne" als radikalen Umgestaltungsprozeß fordert, in dem der Mensch in einem ersten Schritt sein eigenes Selbst kritisch betrachtet.[117] Auch für Paul Ricoeurs stellt die *Reflexion* ein grundlegendes Movens dar, die er aber als „schöpferische Sinninterpretation" versteht, weil durch sie nicht nur Sinnhaftes verstanden, sondern auch internalisiert werden könne.[118] Von daher gewinnt die Reflexion über die Strukturen der menschlichen Existenz eine existentielle Bedeutung für das eigene Selbst, die sich vor allem auch auf das moralische Verhalten auswirkt, wie z.B. Manuel Knoll im Blick auf Adorno erklärt und darauf verweist, daß die bloße, instrumentalisierte Vernunft zu Herrschaftsdenken, Unterdrückung und Manipulation des Einzelnen führe und „Selbst-Denken und Selbstgestalten" (Foucault) ausschließe.

Dem rationalen Denken wird in der neueren Dis-

---

117 Ebd., S. 28ff., 41.
118 Ebd., S. 48. 123ff.

kussion der Ethik und Moral trotz des Verzichts auf die allein wirkende Vernunft folglich immer noch die erforderliche Beachtung geschenkt, es zeichnet sich aber ab, daß die innere Verfassung des Menschen zugleich als bestimmende Instanz in Bezug auf Realisation ethisch zu rechtfertigenden Handelns ein größeres Gewicht in den neueren Konzeptionen erhält. Die von Martin Rhonheimer als „rationale Tugendethik" bezeichnete Theorie versteht er als Strebensphänomen, was auch bedeutet, daß Tugenden mit dem Ziel, „affektive Beziehungen zwischen Personen" herzustellen, sowohl vermittelbar als auch erlernbar sind.[119]

Nachdem einige wesentliche Facetten und Perspektiven von Ethik und Moral herausgearbeitet wurden, ist festzustellen, daß Ethik als reflektierte Praxis verstanden wird, die in allen Lebensbereichen zur Anwendung kommen muß, natürlich auch in der Kunst. Auf diesem Hintergrund läßt sich die Kultur im allgemeinen sogar als Fundament der Moral bezeichnen, insofern sie wie kein anderes Medium explizit aufklärend wirken kann. Hierzu noch einige Stellungnahmen, die auch als Resonanz auf die aktuelle Wirklichkeit zu sehen sind.

119 Vgl. Martin Rhonheimer: Die Perspektiven der Moral. Philosophische Grundfragen der Tugendethik. Berlin 2001. Gegen Utilitarismus und Diskursethik gewendet, die bei der Beurteilung von Handlungen „von einem Standpunkt außerhalb des handelnden Subjekts" ausgehen, meint der Autor in Anlehnung an Aristoteles und Thomas von Aquin, daß „das Richtige aus affektiver Neigung" (innerer Verfaßtheit im Blick auf das Gute) erkannt und praktiziert werde (18ff., 20ff.). Vgl. auch Hans Krämers Konzept einer Strebens- und Glücksethik. Integrative Ethik, Frankfurt 1992.

Daß Ethik und Moral in der globalisierten Welt nicht mehr kulturspezifisch formuliert werden dürfen, weil die einzelnen Gesellschaften sich einer Öffnung kaum verschließen können, beherrscht die meisten Debatten um eine angemessene, gemeinsame und diskutable Grundlage notwendiger Normen. Daß ein Konsens nicht leicht zu erreichen sein wird und Konflikte nicht schnell ausgeräumt werden können, ist eindeutig, denn jede Gesellschaft meint auf ihrer ´Wahrheit´ beharren zu müssen. Immerhin hat sogar die Kunst als verbindendes Element bereits Erfolge durch internationalen Gedankenaustausch, durch workshops, Musik, Literatur und Ausstellungen erzielt, wodurch unterschiedliche Kulturen sich aufeinander zubewegen und Solidarität beweisen. Dadurch werden eigene Vorstellungen relativiert, Neues aufgenommen und verarbeitet und das vormals Fremde verstanden und respektiert.

Auf der politischen Bühne bleibt der „Widerstreit der Werte" allerdings aufgrund von Machtinteressen erhalten und entwickelt sich immer wieder zu einem unversöhnlichen und gefährlichen Konflikt. Peter Rinderle hebt auf diesem Hintergrund hervor, daß ´Werte´ immer in Beziehung zu Interessen stehen, die Handlungen rechtfertigen, so daß es seiner Auffassung nach keine absoluten Werte geben könne, „die unabhängig von den Überzeugungen und Wünschen der Menschen existierten".[120] Er konzediert allerdings, daß diese Festlegung Beliebigkeit und Orientierungslosigkeit hervorru-

---

120 P. Rinderle: Werte im Widerstreit. Freiburg/München 2006, S. 15.

fe, den Geist der Zeit aber treffend beschreibe. Was die Kunst anbetrifft, so spricht Rinderle mit Recht von dem *„intrinsischen Wert"* der Kunst, der in der ästhetischen Erfahrung bewußt werde, indem in Unterscheidung zur faktischen Realität eine neue Wirklichkeitserfahrung erfolge. Dieser intrinsische Wert, der in spezifischer Weise die Autarkie der Kunst unterstreicht und gegenwärtig nicht hinreichend beachtet wird, spielt aber inbezug auf das Gefühlsleben eine bedeutende Rolle, es wird sensibilisiert und „kultiviert" und erlaubt ein Eintauchen „in ein Reich ′imaginärer′ Gefühle".[121] Der zunächst nur sinnliche Eindruck wird so durch das Sich-Hineinversetzen in die geistige Welt des Künstlers und sein Werk auf eine reflektierte Ebene gehoben, auf der allgemeinmenschliche Erfahrungen ins Bewußtsein treten können. Diesen Gedanken verfolgt auch Rolf Kühn aus lebensphänomenologischer Sicht, indem er erklärt, daß Ästhetik „Selbstgewißheit des Lebens" sei, deren „affektive Wahrheit keines Beweises bedarf", denn das ästhetische Erscheinen sei Ausdruck einer inneren und äußeren Welt zugleich.[122] Weil die Kunst unser inneres Vermögen zu empfinden wachrufe und kultiviere, sei sie ein „Lebensmodus" im Blick auf Geistigkeit, Sinngebung und Moral.[123] Anders formuliert heißt das, daß die in der ästhetischen Erfahrung „unmittelbar affektiv erleb-

---

121 Ebd., S. 237f.
122 R. Kühn: Ästhetische Existenz heute. Zum Verhältnis von Leben und Kunst. Freiburg/München 2006, S. 8., 16ff.
123 Ebd., S. 22ff., 29.

ten Werte" für die Menschwerdung unabdingbar sind.[124] Kultur wird folglich verstanden als Steigerung des „inneren Werdens", ein Gedanke, den schon Nietzsche vehement verteidigt hat. Kühns an Michel Henrys Kulturkritik anschließendes Fazit ist trotz der offensichtlichen „Lebensselbstzerstörung" nicht pessimistisch, wenn er hoffnungsvoll schreibt: *„Das Zeitalter des Sinnverlusts ist demzufolge noch nicht notwendigerweise auch schon die Epoche des Lebensverlusts"*, wenn auf das „Grauen" des Lebens angemessen reagiert wird.[125] Damit beschreibt Kühn das vermutlich wichtigste Argument, wenn vom Sinn der Kunst gesprochen wird: es ist ihre *Lebensbedeutung*.

---

124 Ebd., S. 38.
125 Ebd., S. 214. Vgl. auch Michel Henry: Die Barbarei. Freiburg/München 1994. Die neue Barbarei führt Henry auf das Auseinanderfallen von Kultur und Wissenschaft zurück; Kultur und Ethik als Medium der Lebenssteigerung werden so aus der Moderne eliminiert. Daraus entstehe eine prinzipielle Lebensverneinung

Ausblick

Es ist interessant und beachtenswert, daß die Frage nach dem Sinn der Kunst aus den eigenen Reihen der Kunstszene in der Gegenwart erneut gestellt wird. Man kann aus diesem selbstkritisch erscheinenden Unterfangen ganz verschiedenartige Schlüsse ziehen, nämlich daß die Kunst in dieser materialistischen Lebenswelt kein Gehör und keine Anerkennung mehr findet, oder daß sie selbst mit ihrem künstlerischen Anspruch versagt hat und nur noch als Nebensache fungiert. Hat sie also als Fundament von Leben und Kultur ausgedient? Für viele Menschen ist dasjenige, was hier unter Kunst verstanden wird, in der Tat eine fremde und unverstandene Welt geblieben, für den sogenannten elitären Teil der Gesellschaft besitzt sie zwar noch ihren ´Wert´, der sich nicht selten aber auf den monetären Wert von Kunstobjekten beschränkt. Ferner könnte man vermuten, daß die Kunst ihren Geltungsanspruch gegenüber der Vergnügungsindustrie und ihren Aktivitäten aufgrund der Nivellierung von Kunst und Unterhaltung zu verlieren scheint, so daß man ihre grundsätzliche Bedeutsamkeit wieder in den Blick rücken will.

Daß die Frage nach dem Sinn der Kunst nicht als Indiz für ein gestörtes Verhältnis zur Kunst zu begreifen ist, sondern vielmehr auf ihre zeitgemäßen und in den Blick zu rückenden Perspektiven zielt, ist ein wichtiges Argument auch gegen gesellschaftliche Tendenzen, in denen eine Beziehung zur Kunst kaum mehr erkennbar ist. Es fällt zudem auf, daß zahlreiche Stellungnahmen sich über das künstlerisch-produktive Schaffen hinaus philosophisch-anthropologischen Themen widmen, wie dies bei den hier behandelten Künstlern Klee, Kandinsky und anderen der Fall war, wie weiter oben gezeigt wurde. Sie haben ihr ganzes ´Selbst´ in ihre Werke einfließen lassen, ihre Weltanschauung, ihre Lebenserfahrung und ihre philosophischen Gedanken, die ihre Bildintention prägen und die es zu entschlüsseln gilt. Dieses Anliegen der Kunst hat eine zeitlang weniger Beachtung gefunden, insofern das Interesse an der äußeren Welt (z.B. in der Pop-Art) dadurch auf eine ganz andere Lebenswelt gerichtet war und von daher dem Zeitgeist mehr entsprach als die geistige Welt Klees oder Kandinskys. Doch es ist zu vermuten, daß diese Kunstprodukte und die entsprechende Resonanz Defizite zum Vorschein kommen ließen, die die eigentliche Bedeutung und den Sinn der Kunst verschleierten, so daß eine erneute Reflexion über die Bedeutung und Wirkung der Kunst erforderlich schien.

Was macht also den Sinn oder die Aktualität der Kunst heute noch aus, was kann Kunst überhaupt leisten in einer Welt, in der Spiritualität nicht zwingend zu einem gelungenen Leben gehört? Und was bedeutet das Schöpferische als das Besondere, wenn `Kreativität´ als

„Handlungsgestus" zum Zwang geworden ist, um ständig Innovationen hervorzubringen? Diese Fragen stellt die Künstlerin und Kunsttheoretikerin Marion Strunk, um sie mit „neun ästhetischen Strategien" zu beantworten.[126]

Kreativität scheint jedermann zugänglich und verfügbar zu sein und ist *„inzwischen zu einer Kategorie mit durchgängiger Verfügbarkeit geworden. Sie gelangt durch die Forderung nach Selbstentfaltung, Selbsterfindung und Selbstpräsenz zu einem Subjektanspruch wie beim vorbildhaften Künstler-Subjekt…es geht um die permanente Produktion von Innovation. Das Kreative für sich hat mit dieser Festlegung seinen Befreiungsanspruch verloren, es wirkt nicht mehr emanzipativ, sondern findet sich im Affirmativen wieder"*.[127]

Den ständigen Zwang kreativ zu handeln, um nicht in eine Außenseiterposition zu geraten, unterscheidet die Autorin deutlich von schöpferischen Akten, die aus dem Inneren des Künstlers heraus etwas bewirken wollen. Durch diese Freiheit der Künstler („sie verlieren sich in einem schöpferischen Gestus an eine Idee") stellt sich die Kunst selbst ihre Aufgabe als Sinn des Schaffens, die Wahrnehmung zu schärfen und „Sichtweisen auf die Welt zu ändern".[128] Diese These unterstreicht auch der „Künstler-Philosoph" Gerhard Johann Lischka, der in seinem „Mind art Manifest" dessen Leitidee erläutert.

---

126 M. Strunk: Was kann die Kunst? In: Kunstforum Bd. 253, Köln 2018, S. 59-68.
127 Ebd., S. 60.
128 Ebd., S.. 61, 64.

Diese soll den Rezipienten dazu befähigen, „die Qualitäten der Zeitkunst sowohl zu erkennen als auch einen Ausdruck für sie zu finden… Als Impuls und Taktgeber formt sie unsere Weltbilder. In ihrem Mittelpunkt und Kern widerfinden sich Ideen, die uns eine verständnisvolle Einbettung in die vielgestaltigen Dimensionen der Globalisierung ermöglichen". Die von Lischka inaugurierte „Mind-Art" verschreibt sich zwei zentralen Werten in den Künsten, nämlich der Idee der Freiheit und der Offenheit des Denkens, ein Gedanke, der jedoch so neu nicht ist, bei der Unübersichtlichkeit und Qualitätsdifferenz der ′Kunst′ gleichwohl ein wichtiger Anspruch zur Abgrenzung von „Geschmacklosigkeiten".[129]

Wenn gegenwärtig nach dem Sinn der Kunst gefragt wird, so wird die Kunst oftmals mit ′Lebenskunst′ in Beziehung gesetzt, wie Wolfgang Welsch dies tut. Enthält das Kunstschaffen also eine „Dimension des Humanen" als spezielle Eigenart des Menschlichen oder ist sie ein bloß kulturelles Phänomen, das sich im Laufe der Evolution entwickelt hat? Und welche Bedeutung hat sie grundsätzlich für die menschliche Existenz? Das Ästhetische – so meint Welsch – „speist sich aus uralten anthropologischen Antrieben"; es sei eng verbunden mit den sinnlichen und kognitiven Fähigkeiten des Subjekts und diene als „Real-Kunst" der Perfektionierung der Alltagswelt. Aber kann Kunst und die ästhetische Tätigkeit auch als „Lebenskunst" verstanden werden, wenn diese unsere Humanität zu entwickeln in der Lage sei-

---

[129] G.J. Lischka: Mind art Manifest. In: Kunstforum Bd. 235 (2018), S. 98-106, hier S. 99, 105.

en „als ästhetisch inspirierte und gesteigerte Form der Existenz"?[130] Diesem auf den sozialen Aspekt der Kunst gerichteten Gedanken ist gewiß zuzustimmen, wenn von einer dezidierten Begriffsbestimmung ausgegangen wird, was nämlich unter Kunst überhaupt zu verstehen ist. Gleichwohl ist der Optimismus Welschs hinsichtlich der Bedeutung der Kunst für den Menschen zunächst überzeugend.

Einen solchen Optimismus hinsichtlich der Bedeutung der Kunst unserer Zeit teilt Paul Virilio allerdings nicht und mit harscher Kritik spricht er von einer „gnadenlosen Kunst" und einer „Kunst des Schreckens". In zwei Vorträgen von 1999 und 2000 geht er demzufolge auf die Krise einer „erbärmlichen" oder „erbarmungslosen" Kunst ein und auf die Angst vor einer Massenkultur, die zur Vernichtung führe, aber auch auf seine Angst vor einem Schweigen angesichts der Krise, welches man als Zustimmung verstehen müsse.[131] Die Kunst des 20. Jahrhunderts sei zur *„reinen Schau geworden, als sie nach denselben Prinzipien funktioniert wie der 'Verblüffungseffekt' der Massengesellschaften, die der Meinungsmache, der Propaganda der Massenmedien gehorchen, die sich durch genau denselben Hang zum Extremismus auszeichnen wie der Terrorismus oder der totale Krieg"*.[132]

Virilio bestreitet mit diesen deutlichen Worten nicht nur die Freiheit der Kunst, sondern vor allem ihren

---

130 W. Welsch: Mittels der Kunst geht es eigentlich um Lebenskunst. In: Kunstforum Bd. 253, a.a.O., S. 132-135, hier S. 133.
131 Paul Virilio: Die Kunst des Schreckens. Berlin 2001, S. 9.
132 Ebd., S. 17.

Anspruch auf Sinn und Wirkung als Kulturgut. Die Kunst setze ebenso wie die Medien durch ihre Maßlosigkeit auf Gewaltverherrlichung und unterscheide sich auf diese Weise keineswegs von den Massenmedien, die die bloße Sensationslust bedienen: „Die erbarmungslose zeitgenössische Kunst ist nicht mehr schamlos, sondern sie hat sich die Schamlosigkeit der Schänder und Folterknechte, den Hochmut des Henkers zueigen gemacht". Daß „die Gewöhnung an den Schock der Bilder" zu einem „tiefgreifenden Wandel der Weltbühne" (als eine „den Geist beleidigende Präsenz"), geführt hat, vor allem auch inbezug auf einen weitreichenden Konformismus, aber auch auf die Moral der Gesellschaft, schließt Virilio in seine Analyse mit ein.[133]

Interessant ist eine weitere Bemerkung Virilios, wenn es heißt, die Kunst beabsichtige nicht nur Aufmerksamkeit zu erregen, sondern darüberhinaus wolle sie „zerstören". Das ist ein Vorwurf, der ganz dezidiert die Wirkung auf den Betrachter ins Auge faßt. Gewalt werde also nicht einmal mehr symbolisch im Bild vermittelt, sondern praktisch und konkret (dies übrigens überraschenderweise im Rekurs auf Mark Rothko, der als metaphysischer Maler in die Kunstgeschichte eingegangen ist).[134] Virilio kämpft emotional, aber mit einem gewissen Recht gegen die Zerstörung der letzten Tabus (wie durch Hermann Nitsch und seinen blutigen Ritualen), womit immer auch eine Zerstörung ethischer Prinzipien verbunden ist, vor allem auch dagegen, daß

133 Ebd., S. 18.
134 Ebd., S. 19ff.

diese Zerstörung und deren Unmittelbarkeit das Denken und Handeln auf fatale Weise prägen, weil sie zur Normalität zu gehören scheinen. Etabliert habe sich daher eine „Ästhetik des Verschwindens (geistiger Werte, E.J.), die nicht mehr nur den Bereich der (politischen, künstlerischen usw.) Repräsentation betrifft, sondern unser gesamtes Weltbild".[135] Hat die Ästhetik sich also von der Ethik verabschiedet? Virilio resümiert resignierend: „*Wenn die wissenschaftliche Meinungsfreiheit nicht mehr Grenzen hat als die künstlerische, dann stellt sich in der Tat die Frage, wo in Zukunft die Unmenschlichkeit aufhört*".[136]

Sein Plädoyer für eine Ethik in der Kunst läßt sich im Blick auf die Expressionisten durchaus lesen als Plädoyer für den Sinn der Kunst, ihre Bedeutung und ihre Wirkung auf den Menschen, die in der „Stille des Sichtbaren" zum Ausdruck kommen.[137]

Mit dem Hinweis auf die ´Stille des Sichtbaren´ ist ein wichtiger Aspekt der ästhetischen Erfahrung benannt, der in der Gegenwartskunst allerdings keine hinreichende Beachtung findet. Mit dieser Vorgabe bewegt sich die Kunst nämlich in einem Lebensbereich, in dem Stille als Voraussetzung von Reflexion und Distanz von der Alltagswelt kaum mehr ertragen werden. Doch das Wesen der Kunst verlangt nach einem Ort der Stille, der sowohl

---

135 Ebd., S. 28.
136 Ebd., S. 44.
137 Die Kunst des Schreckens (2000), a.a.O., S. 53. Virilio fragt in diesem Vortrag nach dem Verschwinden der Stille in der Kunst, die mit dem Einfluß der digitalen Medien der „Tyrannei der Massenkommunikation" weichen mußte (67).

den Künstler als auch den Rezipienten umgibt und damit den Rückzug in eine andere Weise der Selbst- und Welterfahrung erlaubt: ein begreifendes Durchdringen der Aspekte des ästhetischen Gegenstandes, eine „Vibration der Seele" (Kandinsky), in der das Leben selbst offenbar wird, denn „die Elemente der Malerei sind auch die der Welt".[138] Die Kultur aber ist die tatsächliche Realisation der Potentialitäten des Lebens selbst, die zur Steigerung der subjektiven Existenz beiträgt, zur Kultivierung der Sinne im Blick auf eigenes Denken und Handeln, und die Stille in der Begegnung mit ihr ist eine zwingende Voraussetzung.[139]

Die Kritik an der Kunst erweist sich mithin zugleich als Kritik an der Lebensform unserer Zeit, die zwar Freiheit, Individualität und Selbstbestimmung garantiert, vermutlich aber der Beliebigkeit des Denkens und Handelns keine Grenzen setzt. Vor allem aber, daß Vorbilder fehlen, die sich dem Massengeschmack entgegenstellen und zur Reflexion auffordern. Daß sich unsere ästhetische Wahrnehmung und mit ihr die Bedeutung der Kunst fundamental verändert hat, ist eine Tatsache, die vor allem durch Andy Warhol eingeleitet wurde. „Seine Arbeiten feiern die Vergänglichkeit und dokumentieren den Verfall". Ist er folglich ein „Zerstörer der Kunst"?[140] Tatsächlich trivialisiert er die Kunst und nimmt ihr die

---

138 M. Henry geht hier ausführlich auf Kandinsky ein (Radikale Lebensphänomenologie. Freiburg/München 1992, S. 289.
139 M. Henry: Die Barbarei. Eine phänomenologische Kulturkritik. Freiburg/München 1994, S. 278ff, 286ff.
140 Ph. Holstein: Andy Warhol – Zerstörer der Kunst. In: RP vom 2. 8. 2008

Aura des Besonderen und Sublimen, indem er sie in den Alltag transmittiert, sodaß sie zu einer „Ästhetik des Alltäglichen" herabgestuft wird. Daß sie dabei ihre „ewigen Wahrheiten" verlieren könnte, hat er offensichtlich bewußt in Kauf genommen, denn er verstand sich als Akteur eines Marktes und einer Konsumgesellschaft, deren Bedürfnisse er zu nutzen wußte. Vom Sinn der Kunst und ihrer anthropologischen Dimension noch sprechen zu wollen, dürfte sich im Blick auf das bisher Erörterte allerdings erledigen, insofern eine Weltsicht die zeitgenössische Kunst beherrscht, die sich dem Geistigen nicht mehr verpflichtet zu fühlen scheint.

Bibliographie

Albert. K.: *Philosophie der modernen Kunst. 2. Aufl. St. Augustin 1982*
Albert, K.: *Lebensphilosophie. Von den Anfängen bei Nietzsche bis zu ihrer Kritik bei Lukács. Neu hgg. Von E. Jain. Freiburg/München 2017*
Albert, K./Jain, E.: *Die Utopie der Moral. Versuch einer kulturübergreifenden ontologischen Ethik. Freiburg/München 2003*
Assmann, J.: *Totale Religion. Wien 3. Aufl. 2018*

Bätschmann, O.: *Einführung in die kunstgeschichtliche Hermeneutik. Darmstadt 1988*
Baudrillard, J.: *Der symbolische Tausch und der Tod. Paris 1976*
Boehm, G.: *Was ist ein Bild? München 1994*
Böhme, G.: *Ästhetik. Vorlesungen über Ästhetik als allgemeine Wahrnehmungslehre. Paderborn 2001*
Bollnow, O.F.: *Existenzphilosophie und Pädagogik. Stuttgart 1959*
Brandt, R.: *Die Wirklichkeit des Bildes. Sehen und Erkennen – Vom Spiegel zum Kunstbild. München/Wien 1999*

Dilthey, W.: *Gesammelte Schriften. Göttingen*

Düwell, M.: *Ästhetische Erfahrung und Moral. Zur Bedeutung des Ästhetischen für die Handlungsspielräume des Menschen.* Freiburg/München 1999

Foucault, M.: *Wahnsinn und Gesellschaft. Eine Geschichte des Wahns im Zeitalter der Vernunft.* Frankfurt/M. 1996
Frey, G.: *Anthropologie der Künste.* Freiburg/München 1994

Gadamer, H.-G./Boehm, G. (Hg.): *Die Hermeneutik und die Wissenschaften.* Frankfurt 1978
Güse, E.-G. (Hg.): *Die Tunisreise. Klee – Macke – Moilliet.* Stuttgart 1982

Haftmann, W.: *Malerei im 20. Jahrhundert.* 2 Bde. München 1954/65
Henry, M.: *Radikale Lebensphänomenologie.* Freiburg/München 1992
Hofmann, W.: *Die Grundlagen der modernen Kunst.* Stuttgart 1987
Holstein, Ph.: *Andy Warhol – Zerstörer der Kunst.* In: RP 2.8.2008

Jaffé, L.C. (Hg.): *Piet Mondrian.* Köln 1971
Jain, E.: *Das Rembrandt-Bild bei Georg Simmel.* In: Zeitschr. Für Ästhetik und Allgemeine Kunstwissenschaft. Bd. 33/2 (1988), S. 259-269
Jain, E.: *Das Prinzip Leben. Lebensphilosophie und Ästhetische Erziehung.* Frankfurt/M. 1993

Jain, E.: *Weltanschauung und Menschenbild in der Kunst der Gegenwart.* 2. Aufl. Norderstedt 2015
Jain, E./Trapp, T.: *Staunen.* In: Hist. Wörterbuch der Philosophie, Bd. 10, Sp. 116-126
Jain, R.: *Lehren und Lernen als Aufführungskünste. Künstler als Beispielgeber nach Robert Filliou.* Diss. Bergische Universität Wuppertal 2017
Jaspers, K.: *Psychologie der Weltanschauungen.* Berlin/Heidelberg 1971

Kandinsky, W.: *Über das Geistige in der Kunst.* Bern 1952
Kikol, L.: *Über „Power to the people – Politische Kunst jetzt".* In: Kunstforum Bd. 254. Köln 2018, S. 78-87
Klee, P.: *Kunstlehre.* Leipzig 1991
Klee, P.: *Tagebücher.* Leipzig/Weimar 1980
Kleimann, B.: *Das ästhetische Weltverhältnis. Eine Untersuchung zu den grundlegenden Dimensionen des Ästhetischen.* München 2002
Knips, I.: *Perspektive und Gewalt. Ein Versuch.* Köln 2017
Krämer, H.: *Integrative Ethik.* Frankfurt/M. 1992
Kühn, R.: *Ästhetische Existenz heute. Zum Verhältnis von Leben und Kunst.* Freiburg/München 2006
Kutschera, F. von: *Wert und Wirklichkeit.* Paderborn 2010

Lischka, G.J.: *Mind Art Manifest.* In: Kunstforum Bd. 235 (2018), S. 98-106

Loidl, K.: *Harte Einschnitte in den Sehnerv.* In: Kunstforum Bd. 259 (2019), S. 150-157

Magritte, R.: *Sämtliche Schriften. Hg. von A. Blavier.* München/Wien 1981
Meyer, H.: *Geschichte der abendländischen Weltanschauung.* 5 Bde. 1947-1949

Nohl, H.: *Vom Sinn der Kunst.* Göttingen 1961
Nohl, H.: *Die ästhetische Wirklichkeit. Eine Einführung.* Frankfurt/M. 4. Aufl. 1973
Nohl, H.: *Einführung in die Philosophie.* 6. Aufl. Frankfurt/M. 1960

Passeron, R.: *Lexikon des Surrealismus.* Somogy/Paris o.J.
Pöltner, G.: *Philosophische Ästhetik.* Stuttgart 2008

Rauch, N.: *Ausstellungskatalog (1993-2017).* Ostfildern 2018
Regel, G.: *Das Phänomen Paul Klee.* In: P. Klee: Kunstlehre, S. 5-34
Regel, G.: *Der Maler und Kunsttheoretiker Paul Klee als Lehrer.* Ebd., S. 315-334
Rhonheimer, M.: *Die Perspektiven der Moral. Philosophische Grundfragen der Tugendethik.* Berlin 2001
Riesel, M.: *Müssen wir alles glauben, was man uns erzählt? Kritische Betrachtungen zu Darstellungen in der Kunst – Sein und Schein.* Frankfurt 1998

Rinderle, P.: *Werte im Widerstreit.* Freiburg/München 2006
Rothko, M.: *Retrospektive der Gemälde.* Köln 1988

Schönherr-Mann, H.-M. (Hg.): *Ethik des Denkens.* München 2000
Schuster, P.-K. Schuster: *Das Universum Klee.* Ostfildern 2008
Simmel, G.: *Rembrandt. Ein kunstphilosophischer Versuch.* München 1985
Simmel, G.: *Rembrandt-Studien. Neu aufgelegt* Darmstadt 1953
Strunk, M.: *Was kann die Kunst? In: Kunstforum Bd. 235 (2018), S. 59-68*

Ullrich, W.: *Nachkunst. Metamorphosen des Werkbegriffs in kuratierter und politischer Kunst der Gegenwart. In: Kunstforum Bd. 254.* Köln 2018

Virilio, P.: *Ästhetik des Verschwindens.* Berlin 1986
Virilio, P.: *Die Kunst des Schreckens.* Berlin 2001

Welsch, W.: *Mittels der Kunst geht es eigentlich um Lebenskunst. In: Kunstforum Bd. 235 (2018), S. 132-135*

Zweite, A. (Hg.): *Barnett Newman – Bilder – Skulpturen – Graphik.* Düsseldorf 1997